Herzhaftes

FÜR ALLE

Vegane, glutenfreie, vollwertige
Rezepte für (fast) alle

Jana Kästner

Impressum

1. Auflage, 2021

Redaktion:

Vegan Monster Verlag, Gudensberg
Jana Kästner
Vegan Monster UG (haftungsbeschränkt)
Schwimmbadweg 4
34281 Gudensberg

www.VeganMonsterVerlag.de

Umschlaggestaltung und Satz: Jana Kästner
Fotografie: Jana Kästner
Texte und Rezepte: Jana Kästner
Korrektorat: Ilona Grothe, Karola Rahn, Maria Rohmann

Druck: dieUmweltDruckerei GmbH, Hannover www.dieUmweltDruckerei.de

ISBN: 978-3-98595-039-3

Klimaneutral gedruckt auf 100% recyceltem Papier

Vertrieb durch Nova MD GmbH, Vachendorf

Die in dem Buch wiedergegebenen Informationen wurden mit größter Sorgfalt der Autorin nach bestem Wissen erarbeitet und wiedergegeben. Sie basieren auf den persönlichen Erfahrungen der Autorin. Unter Berücksichtigung des Produkthaftungsrechts wird darauf hingewiesen, dass inhaltliche Fehler, trotz größter Sorgfalt, nicht ausgeschlossen werden können. Die Verwendung der im Buch enthaltenen Rezepte und Informationen erfolgt auf eigenes Risiko. Es liegt in der Verantwortung des Lesers/der Leserin, die aufgeführten Zutaten nach Verträglichkeit zu überprüfen. Rechts- und Schadenersatzansprüche sind ausgeschlossen. Korrekturhinweise sind jederzeit willkommen und werden gern berücksichtigt.

Die Deutsche Nationalbibliothek verzeichnet diese Publikation in der Deutschen Nationalbibliografie; detaillierte bibliografische Daten sind im Internet über http://dnb.d-nb.de abrufbar.

klimaneutrales Druckerzeugnis | durch CO_2-Ausgleich | www.natureoffice.com/DE-275-KYBF8AK

Inhalt

Vorwort & Dank

Es ist soweit! Die Zeit des Wartens ist vorbei und ich freue mich, mein neues Buch vorstellen zu können.

Während es sich im letzten Buch rund um Süßes drehte, steht nun das Herzhafte im Mittelpunkt.

In den letzten Jahren ist viel geschehen in meinem Leben. Unter anderem kam die Diagnose Hashimoto, was zunächst schon ein Schock war. Mit der Unterstützung holistischer Ernährungsberatung habe ich nun eine Liste von Nahrungsmitteln erarbeitet, die ich momentan meide (neben Gluten und Milchprodukten), um meinem Körper Entlastung zu geben.

Für mich stehen jetzt auch Soja und Öl (vor allem Sonnenblumenkernöl) auf der Liste der zu vermeidenden Zutaten. Deswegen befinden sich in diesem Buch nicht nur vegane und glutenfreie Rezepte, die meisten sind auch ohne Soja und ohne Öl, oder sie enthalten eine ölfreie Option.

Dabei war es mir sehr wichtig zu zeigen, dass es selbst mit solchen Einschränkungen immer noch möglich ist, eine farbenfrohe und abwechslungsreiche Vielfalt zu essen. Ich gebe mir Mühe, die Rezepte so allergiefreundlich wie möglich zu gestalten, oder alternative Zutaten anzubieten.

In diesem Buch findest du nicht nur die besten herzhaften Rezepte vom Blog, sondern eine ganze Reihe von neuen, aufregenden, exklusiven Rezepten.

Wie auch auf meinem Blog **TheVeganMonster.de** lege ich Wert auf vollwertige, möglichst wenige Zutaten und einfach umzusetzende Rezepte.

Vielen Dank an meine Familie, die mich wieder besonders motiviert und unterstützt hat. Und an Herrn Vegan Monster, der weiterhin meine Kreationen testet und sich mit der einen oder anderen leicht verwüsteten Küche geduldig abfindet.

Und natürlich auch ein herzliches Dankeschön an all meine Leser*innen. Eure Kommentare, Tipps und Fragen haben mich stets ermutigt, diesen Weg weiter zu gehen.

Viel Spaß beim Nachkochen, Ausprobieren und Genießen.

Alles Liebe

Jana

Anmerkungen

Küchengeräte

Mixer
Die meisten meiner Rezepte verlangen nach einem Hochleistungsmixer und in manchen Fällen ist ein kraftvoller Mini-Mixer die bessere Wahl. Eine Küchenmaschine ist nicht notwendig.
Für mich ist der Hochleistungsmixer eine exzellente (und unersetzbare) Hilfe in der Küche. So viele leckere Kreationen lassen sich damit einfach und in kürzester Zeit zubereiten.
Auf meinem Blog **TheVeganMonster.de** kannst du meine persönliche Empfehlung nachlesen.

Heißluftfritteuse/Backofen
Beim Backen ohne Öl kann eine Heißluftfritteuse sehr hilfreich sein. Sie ermöglicht eine recht knusprige Kruste ohne Öl, wobei etwas untergemischtes pflanzliches Fett in Form von beispielsweise Nuss- oder Kernmus von Vorteil ist. Viele Rezepte lassen sich auch im Backofen zubereiten.

Pfanne
Es gibt mittlerweile einige hochwertige Non-Stick Pfannen auf dem Markt, die ganz ohne Öl auskommen.

Küchenzubehör

Für die Zubereitung der Rezepte in diesem Buch benötigst du neben ein paar Rührschüsseln, Topf, Pfanne (siehe Anmerkung oben), eine Muffinform, Backblech, eine 21 cm Kastenform, Sieb, Kartoffelstampfer, Gemüsereibe, Auflaufform, 28 cm Tarteform.

Koch- und Backzeiten

Die angegebenen Koch- und Backzeiten basieren auf den Erfahrungen mit meinen Haushaltsgeräten. Passe diese Zeiten gegebenenfalls an deine Geräte an.

Allergiehinweis

Hast du Allergien und Unverträglichkeiten, gehe bitte sicher, dass du die aufgelisteten Zutaten verträgst. Vermeide die Verwendung aller Zutaten, welche eine Reaktion auslösen und dein Wohlergehen gefährden könnten.

Mengenangaben

Die im Buch verwendeten Mengenangaben sind hauptsächlich Gramm und Milliliter. Desweiteren gilt:

1 Esslöffel = 15 ml	½ Teelöffel = 2,5 ml
1 Teelöffel = 5 ml	¼ Teelöffel = 1,25 ml

Rezept-Symbole

Um den Überblick zu erleichtern, findest du im Buch folgende Symbole:

Einweichzeit	Ruhezeit
Vorbereitungszeit	Zubehör
Koch-/Backzeit	

Lass dich inspirieren

Viele meiner Rezepte kannst du als Grundlage für deine eigenen Kreationen und Abwandlungen verwenden.
Hast du das Grundprinzip erst einmal verinnerlicht ergeben sich viele weitere Möglichkeiten. Lass deiner Fantasie freien Lauf...

Zutaten

Zutaten

Die meisten meiner Zutaten sind einfache, vollwertige Lebensmittel, wobei ich großen Wert auf biologisch Angebautes lege. Mit Hilfe von Bioladen-Kollektiven und Mitgliederläden, sowie dem Einkauf von größeren Mengen, können sich Kosten sparen lassen.

Agar Agar

Beim Arbeiten mit Agar Agar ist es wichtig, Pulver zu verwenden und nicht Flocken. Auch gibt es Produkte auf dem Markt, die nur einen Teil Agar Agar enthalten, was ein anderes Ergebnis liefert. Zudem ist es äußerst wichtig, mit den richtigen Messlöffeln zu arbeiten, damit es nicht zu fest oder zu weich wird (Siehe auch Seite 6 Mengenangaben).

Mehle

Es gibt mittlerweile eine große Auswahl an glutenfreien Mehlen und Mehlmischungen.
Ich arbeite aber hauptsächlich mit Reis- und Buchweizenmehl. Hin und wieder kommt noch etwas Speisestärke, Maismehl, Lupinen- oder Kichererbsenmehl hinzu. Mit diesen wenigen Mehlen lassen sich viele leckere, glutenfreie Kreationen zaubern. Verträgst du diese nicht, verwende bitte entsprechende Alternativen.

Ei-Alternativen

Beim Kochen und Backen verwende ich hauptsächlich Flohsamenschalen, um die Bindung zu verbessern. Du kannst auch gemahlene Leinsamen oder Chiasamen verwenden.

Öle

Während die meisten meiner Rezepte ölfrei sind, verwende ich in manchen Öl. Hierbei empfehle ich wenn möglich hochqualitatives, kaltgepresstes Kokosöl oder Olivenöl in Bio-Qualität.

Wasser

Möchtest du beim Kochen komplett auf Öl verzichten, kannst du auch etwas Wasser verwenden, um zum Beispiel Zwiebeln zu glasieren. Eine hochwertige Non-Stick Pfanne ist hierbei sehr zu empfehlen.

Milch-Alternativen

Mittlerweile gibt es ja zumindest in Europa eine riesige Auswahl an Alternativen für typische Milchprodukte. Meine Optionen hier in Neuseeland sind leider etwas beschränkt, deshalb findest du auch in diesem Buch kaum fertige pflanzliche „Milchprodukte" in der Zutatenliste.

Süßungsmittel

Es gib viele Alternativen für Industriezucker. Ich bevorzuge Datteln und Kokosblütenzucker.
Datteln und andere getrocknete Früchte geben vielen Rezepten Fülle und Cremigkeit. Bezüglich Datteln empfehle ich die Sorte Deglet Nour, bevorzugt in Rohkostqualität ohne Zuckerzusatz. Kokosblütenzucker lässt sich auch einfach mit anderen Süßungsmitteln ersetzen.

Salz

Beim Kochen verwende ich gern rosa Himalaya Salz oder Meersalz. Solltest du klassisches Tafelsalz verwenden benötigst du wahrscheinlich etwas weniger.

Fair-Trade

Manche Zutaten wie zum Beispiel Cashewkerne und Gewürze sind bekannt für ihren erhöhten ökologischen Fußabdruck und fragwürdige Arbeitsbedingungen bei Ernte und Verarbeitung. Wenn möglich, empfehle ich auf Fair-Trade Produkte zu achten. Da schmeckt es gleich noch etwas besser.

Tipps für die Vorbereitung

Zutaten vorbereiten

Bei Rezepten mit vielen Zutaten lohnt es sich, diese vorher zusammen zu tragen, um sicher zu gehen, dass alles vorhanden ist. Außerdem lässt es sich damit leichter arbeiten und es reduziert die Gefahr, dass etwas vergessen wird.

Einweichen von Nüssen, Kernen und Hülsenfrüchten

Das Einweichen von Nüssen, Kernen und Hülsenfrüchten macht diese leichter verträglich und kann auch Anti-Nährstoffe wie Phytinsäure und Gerbstoffe reduzieren.
Bei manchen Rezepten ist das Einweichen essentiell.
Bei Hülsenfrüchten kannst du noch einen Schritt weiter gehen und diese ankeimen lassen.

Anleitung fürs Ankeimen

Für das Ankeimen von Hülsenfrüchten und anderen Zutaten, wie zum Beispiel Buchweizen, benötigt es mehrere Schritte.

Schritt 1: Weiche die Zutat deiner Wahl zunächst für mehrere Stunden in einem Gefäß mit Wasser ein. Abhängig von der Sorte kann das zwischen 4 und 12 Stunden dauern. Genaue Einweich- und Keimzeiten kannst du auf meinem Blog finden.

Schritt 2: Gieße das Wasser ab und spüle alles ab bevor du es abtropfen lässt. Hier eignet sich ein Keimglas sehr gut, dessen Deckel ein feinmaschiges Netz hat. Dieses Netz erleichtert das Abtropfen und lässt genug Sauerstoff heran. Das Glas am besten in einer kleinen Schüssel so ablegen, dass es nach unten zeigt und in die Schüssel abtropfen kann.

Schritt 3: Spüle die Keimlinge morgens und abends mit Wasser und lege das Glas wieder in die Schüssel bis die Keimlinge groß genug sind.

Schritt 4: Sind die Keimlinge fertig, bewahre sie in einem sauberen Gefäß im Kühlschrank auf und verzehre sie innerhalb weniger Tage.

Tipp: Größere Mengen können auch nach dem Einweichen in einem Sieb, mit einem sauberen Geschirrtuch abgedeckt, über einer Schüssel gelagert werden. Anschließend morgens und abends mit Wasser abspülen.

Tipp 2: Kichererbsen, Linsen und Buchweizen keime ich gern in größeren Mengen an, koche sie teilweise vor (ist vor allem bei Bohnen und Kichererbsen hilfreich), und friere sie anschließend ein, um sie bei Bedarf schnell zur Hand zu haben.

1.

2.

3.

Tipps für die Zubereitung

Backtemperatur und -dauer

Die in diesem Buch angegebenen Backtemperaturen basieren auf einem elektrischen Herd mit Ober- und Unterhitze. Wärmeverteilung und Backzeit können bei anderen Geräten variieren. Mit einem **Ofenthermometer** lässt sich die Temperatur überprüfen.

Abdecken

Nach meiner Erfahrung ist es beim veganen und glutenfreien Backen sehr hilfreich, wenn während des Backens abgedeckt wird, vor allem wenn es zu schnell anbräunt. Hierzu eignet sich ein unbeschichtetes Backblech in der Schiene darüber, backofenfeste Glasdeckel wie auch ein Stück lose aufgelegtes Backpapier.

Ober- und Unterhitze

Glutenfreier Teig neigt dazu, etwas trockener zu sein. Deswegen empfehle ich, nicht mit Umluft, sondern mit Ober- und Unterhitze zu backen.

Teig Rühren

Bei meinen Rezepten verwende ich prinzipiell nur einen Kochlöffel zum Verrühren von Teig. Ein elektrisches Rührgerät ist nicht nötig.

Fermentieren

Beim Fermentieren ist es wichtig, dass du extra sauber arbeitest, um keine unerwünschten Keime in das Essen zu bekommen. Saubere Hände und Arbeitsgeräte sind genauso wichtig wie sterile Gläser.

Gläser kannst du mit heißem Wasser sterilisieren, indem du sie vorsichtig Stück für Stück mit frisch gekochtem Wasser auffüllst.

Alternativ erhitze sie in einem Topf mit Wasser bis es kocht. Dann ein paar Minuten stehen lassen. Nimm die Gläser dann mit Zangen aus dem Topf und lass sie etwas abtropfen.

Die Deckel lassen sich in kochendem Wasser sterilisieren. Derzeit sind jedoch nur Schraubdeckel mit blauem Ring als Dichtung ohne Weichmacher.

Aufschnitte & Aufstriche

Sonnenblumenkern-Tomaten-Aufstrich

Sonnenblumenkerne eignen sich sehr gut für Brotaufstriche. Kombiniert mit Tomaten, Kräutern und Gewürzen ergibt es einen herzhaften Aufstrich mit sommerlichen Geschmacksnoten.

4-6 Stunden 20-30 Minuten Hochleistungsmixer, Mini-Mixer oder Stabmixer

Ergibt ca. 300 g:

- 110 g Sonnenblumenkerne*
- 10 getrocknete Tomaten, 1 bis 2 Stunden in Wasser einweichen, dann abtropfen
- 160 g Passata (passierte Tomaten)
- 1 gehäufter TL Basilikum, getrocknet
- 2-3 TL Paprika, edelsüß
- Salz & Pfeffer nach Geschmack
- ein paar Prisen Chili

* 4-6 Stunden in Wasser einweichen, dann abspülen und abtropfen

Zubereitung:

1. Zuerst die Sonnenblumenkerne in Wasser ca. 4 Stunden einweichen lassen. Dann abspülen und abtropfen. Die getrockneten Tomaten auch für ein paar Stunden in Wasser einweichen und dann abtropfen.

2. Mixe nun alle Zutaten in einem kraftvollem Mixer oder mit einem Stabmixer cremig. Das Ganze in einem luftdichten Gefäß aufbewahren und innerhalb von wenigen Tagen aufbrauchen.

3. Schmeckt auch gut mit anderen Kräutern und Gewürzen. Zum Beispiel Thymian, Oregano, Knoblauch, geräuchertem Paprika etc.

Walnuss-Aufstrich

Herzhaft und großzügig verfeinert mit Kräutern und Gewürzen ergeben Walnüsse in diesem Rezept eine besonders geschmackvolle Kreation. Dieser Aufstrich schmeckt auch sehr gut mit den kernigen Crackern (siehe Seite 101) und lässt sich sehr schnell und einfach zubereiten.

4 Stunden | 10-20 Minuten | Topf, Stabmixer

Ergibt ca. 150 g:

- 120 g Walnüsse*
- ½ kleine Zwiebel**
- etwas Öl oder Wasser
- 5-10 frische Salbeiblätter
- 2 EL Sojasoße (oder Kokos-Aminos)
- 1 Prise Chili
- 5 Tropfen Flüssigrauch

* ca. 4 Stunden in Wasser einweichen, dann abspülen und abtropfen

** oder ½ TL Zwiebelpulver und auf Schritt 1 verzichten wenn es schnell gehen soll

Zubereitung:

1. Schäle und hacke die Zwiebel. Dünste sie anschließend in Öl oder Wasser in einem Topf an. Lass sie abkühlen.**

2. Gib nun alle übrigen Zutaten hinzu und mixe alles mit einem Stabmixer cremig.

3. Bewahre den Walnussaufstrich in einem luftdichten Gefäß im Kühlschrank auf und verbrauche ihn innerhalb von drei bis vier Tagen.

Pilz & Linsen-Aufstrich

Diese Form von Brotaufstrich gehört mit zu den veganen Klassikern. Linsen sind vielseitig einsetzbar und enthalten einige wichtige Nährstoffe. Die Champignons reichern den herzhaften Geschmack zusätzlich an.

8 Stunden | 10 Minuten | 30 Minuten | Topf, Stabmixer

Ergibt ca. 250 ml:

- 1 kleine Zwiebel
- etwas Öl oder Wasser
- 100 g Champignons
- 120 g Linsen*
- 150 ml Wasser
- 1½ TL Majoran, getrocknet
- 1 TL Thymian, getrocknet
- 1-2 Prisen Chili (oder nach Geschmack)
- 10 Tropfen Flüssigrauch**
- Salz nach Geschmack

* ca. 8 Stunden in Wasser einweichen, dann abspülen und abtropfen

**alternativ geräucherter Paprika

Zubereitung:

1. Schäle und hacke zunächst die Zwiebel fein. Dünste sie dann mit Öl oder Wasser in einem kleinen Topf an.

2. Schneide die Pilze in Stückchen und gib sie in den Topf, wenn die Zwiebel gar ist. Dünste das Ganze für ein paar Minuten bis die Champignons beginnen, etwas zu schrumpfen.

3. Schütte die Linsen und das Wasser hinzu. Rühre die Kräuter darunter. Lass das Ganze bedeckt auf niedriger Hitze köcheln bis die Flüssigkeit aufgebraucht ist (ca. 20 Minuten).

4. Mixe die Masse nun mit einem Stabmixer cremig. Fülle den Aufstrich in ein Glas und bewahre ihn im Kühlschrank auf. Am besten innerhalb von ein paar Tagen aufbrauchen.

Feuriger Jackfruit-Aufschnitt

In diesem Aufschnitt befindet sich kein Hühnchen, auch wenn es vielleicht auf den ersten Blick so scheint. Jackfruit ist die magische Zutat in diesem Rezept. Der Aufschnitt hat dank dem Chili eine pikante Note, welche du je nach Geschmack anpassen kannst.

15 Minuten | 20 Minuten | 2 Stunden | Topf, hitzebeständige Form

Ergibt ca. 450 g:

- etwas Öl oder Wasser
- 1 kleine Zwiebel, fein gehackt
- 300 ml Wasser
- 50 g rote Linsen

- 1 EL Tomatenmark
- 1 EL Sojasoße
- 1 EL Paprika, edelsüß
- 1 TL Kreuzkümmel, gemahlen
- 1 TL Koriander, gemahlen
- ½ TL Chili (oder nach Geschmack)
- ½ TL Salz (oder nach Geschmack)
- 120 g Jackfruit, abgetropft

- 50 ml Wasser
- 2 TL Agar Agar Pulver (nicht Flocken), siehe Seite 7

Zubereitung:

1. Dünste zunächst die gehackte Zwiebel in etwas Öl oder Wasser in einem kleinen Topf an.
2. Gib anschließend Wasser und Linsen hinzu und koche das Ganze bedeckt für ca. 15 Minuten oder bis die Linsen weich sind und sich etwas auflösen.
3. Rühre das Agar Agar Pulver in einer Tasse oder kleinen Schüssel mit den 50 ml Wasser an und stelle es bei Seite.
4. Gib nun die verbliebenen Zutaten, außer der Jackfruit, in den Topf und bringe das Ganze zum Kochen. Lass es dann für ein paar Minuten leicht köcheln.
5. Zerpflücke die Jackfruit in kleinere Stücke und gib sie mit in den Topf. Wenn es wieder köchelt, schütte die Agar Agar Mischung hinzu und koche es ca. drei Minuten.
6. Gib die Mischung anschließend in eine hitzebeständige Form und lass sie etwas abkühlen. Bewahre den Aufschnitt anschließend im Kühlschrank auf bis er fest ist. Am besten innerhalb von ein paar Tagen aufbrauchen.

Linsen-Bohnen-Aufschnitt

Brotaufschnitt mit einer guten Portion pflanzlicher Proteine! Er lässt sich recht einfach und schnell zubereiten und bietet eine große Vielfalt von Geschmacksmöglichkeiten. Ganz ohne Nüsse.

12 Stunden | 10-20 Minuten | Topf, hitzebeständige Form

Ergibt ca. 450 g:

- ½ kleine Zwiebel
- etwas Öl oder Wasser
- 100 g rote Linsen
- 50 g gekochte Bohnen
- 350 ml Wasser
- ¼ TL Salz (oder nach Geschmack)
- 1 TL Thymian, getrocknet
- 1 TL Majoran, getrocknet
- 2 TL Paprika, edelsüß
- 1 EL Sojasoße (oder Kokos-Aminos)

- 50 ml Wasser
- 2½ TL Agar Agar Pulver (nicht Flocken), siehe Seite 7

Zubereitung:

1. Schäle und hacke die Zwiebel. Dünste sie anschließend in Öl oder Wasser in einem Topf an.
2. Gib nun alle übrigen Zutaten (außer zusätzlichem Wasser und Agar Agar Pulver) in den Topf und lass es mit geschlossenem Deckel auf niedriger Hitze köcheln bis die roten Linsen weich sind.
3. Rühre in der Zwischenzeit das Agar Agar Pulver mit 50 ml Wasser in einer Tasse an.
4. Wenn die Linsen weich sind, rühre das Agar Agar Wasser hinein und bringe es nochmals kurz zum Kochen.
5. Lass die Mischung etwas abkühlen, bevor du sie in eine (hitzebeständige) Form schüttest.* Bewahre die Form im Kühlschrank auf bis die Masse fest ist. Am besten in einem luftdichten Gefäß aufbewahren und innerhalb von ein paar Tagen verbrauchen.

* Für die runde Form verwende ich ein Trinkglas. Ich wärme es vorsichtig mit warmen und dann heißem Wasser auf, bevor ich die heiße Masse hinein schütte.

Sonnenblumenkern-Aufschnitt

Dieser Aufschnitt lässt sich einfach und schnell herstellen. Für den Geschmack gibt es unzählige Optionen, zum Beispiel Pizzageschmack mit Basilikum und Oregano, herzhaft scharf mit extra Chili und Paprika oder Pilzgeschmack mit Pilzpulver und Petersilie. Das Rezept ist besonders allergiefreundlich, da es unter anderem komplett ohne Nüsse, ohne Soja und andere Allergene auskommt.

4 Stunden | 15 Minuten | 10 Minuten | Hochleistungsmixer oder Mini-Mixer, Topf, hitzebeständige Form

Ergibt ca. 250 g:

- 50 g Sonnenblumenkerne*
- 200 ml Wasser
- 2 TL Agar Agar Pulver (nicht Flocken), siehe Seite 7
- 1 TL Majoran, getrocknet
- 1½ TL Thymian, getrocknet
- ½ TL Salz (oder nach Geschmack)
- ¼ TL Guarkernmehl (oder Johannisbrotkernmehl)
- ¼ TL Chili (oder nach Geschmack)
- 10 Tropfen Flüssigrauch
- 1 Knoblauchzehe

* ca. 4 Stunden in Wasser einweichen, dann abspülen und abtropfen

Zubereitung:

1. Spüle und tropfe die Sonnenblumenkerne nach dem Einweichen gut ab. Gib sie dann mit den anderen Zutaten in einen kraftvollen Mixer und mixe es cremig.

2. Schütte die Mischung in einen kleinen Topf und bringe sie vorsichtig zum Kochen.

3. Lass sie anschließend unter ständigem Rühren für ein paar Minuten köcheln.

4. Fülle die Mischung in eine (hitzebeständige) Form* deiner Wahl und lass sie etwas abkühlen. Bewahre das Ganze anschließend im Kühlschrank auf bis die Masse fest ist. Verbrauche den Aufschnitt innerhalb von drei Tagen.

* Für die runde Form verwende ich ein Trinkglas. Ich wärme es vorsichtig mit warmen und dann heißem Wasser auf, bevor ich die heiße Mischung hinein schütte.

Paprika-Aufschnitt

Dieses Rezept basiert auf dem Sonnenblumenkern-Aufschnitt, hat jedoch eine komplett andere Geschmacksrichtung. Wenn du es scharf magst, kannst du auch gern etwas mehr Chili hinzugeben. Der Aufschnitt lässt sich schnell und einfach zubereiten.

4 Stunden | 15 Minuten | 10 Minuten | Kraftvoller Mixer, Topf, hitzebeständige Form

Ergibt ca. 300 g:

- 70 g Sonnenblumenkerne*
- 150 ml Wasser
- 100 g rote Paprika
- 1-2 EL Paprika, edelsüß
- 2 TL Agar Agar Pulver (nicht Flocken), siehe Seite 7
- 1 TL Senf
- ½ TL Salz (oder nach Geschmack)
- ¼ TL Guarkernmehl (oder Johannisbrotkernmehl)
- 1 Msp. Chili
- 1 Knoblauchzehe

- 1-2 EL sehr fein gehackter roter Paprika, falls gewünscht

* ca. 4 Stunden in Wasser einweichen, dann abspülen und abtropfen

Zubereitung:

1. Gib alle Zutaten außer der fein gehackten Paprika in einen kraftvollen Mixer oder Hochleistungsmixer. Mixe es cremig.

2. Schütte die Mischung in einen kleinen Topf. Falls gewünscht, gib die fein gehackte Paprika hinzu.

3. Bringe das Ganze vorsichtig zum Kochen. Lass es anschließend für ein paar Minuten auf niedriger Hitze unter ständigem Rühren köcheln.

4. Gib die Mischung nun in eine (hitzebeständige) Form **. Lass sie etwas abkühlen bevor du sie im Kühlschrank komplett fest werden lässt (ca. 2-3 Stunden). Verbrauche den Aufschnitt innerhalb von drei Tagen.

** Für die runde Form verwende ich ein Trinkglas. Ich wärme es vorsichtig mit warmen und dann heißem Wasser auf, bevor ich die heiße Masse hinein schütte.

Gelbe-Erbsen-Kürbis-Aufstrich

Dieser Brotaufstrich lässt sich einfach herstellen und bietet viele Variationsmöglichkeiten. Zum Beispiel lässt sich der Kürbis durch Karotten ersetzen. Zudem lassen sich viele verschiedene Geschmacksrichtungen mit anderen Gewürzen und Kräutern kreieren.

8 Stunden | 90 Minuten | 30 Minuten | Topf, Stabmixer

Ergibt ca. 300 g:

- ½ Zwiebel, fein gehackt
- etwas Öl oder Wasser
- 80 g gelbe Erbsen*
- 250 ml Wasser
- 200 g Kürbis
- 1-2 TL Currypulver
- 1 Knoblauchzehe, gepresst
- Salz nach Geschmack
- ein paar Spritzer Zitronensaft

* ca. 8 Stunden in Wasser einweichen, dann abspülen und abtropfen

Zubereitung:

1. Glasiere die fein gehackte Zwiebel in einem kleinen Topf mit etwas Öl oder Wasser.
2. Gib die eingeweichten gelben Erbsen und Wasser in den Topf und lass es auf niedriger Hitze mit geschlossenem Deckel köcheln bis die Erbsen weich werden (ca. 45 bis 60 Minuten).
3. Wenn die Erbsen weicher werden, gib den Kürbis und Curry hinzu und koche das Ganze bis Erbsen und Kürbis gar sind.
4. Rühre die verbliebenen Zutaten darunter und püriere alles zu einer feinen Creme. Gib den Aufstrich in sterile Schraubgläser und bewahre ihn im Kühlschrank auf. Verbrauche den Aufstrich innerhalb einer Woche.

Paprika-Bohnen-Aufstrich/Dip

Paprika, Bohnen und eine besondere Gewürzmischung sind die Hauptzutaten für diesen super einfachen und würzigen Aufstrich, der sich auch sehr gut als Dip servieren lässt. Die nordafrikanische Gewürzmischung Harissa hat einen einzigartigen Geschmack, der auch anderen Gerichten wie zum Beispiel Bratlingen, Suppen und Gemüsepfannen eine ganz köstliche Note verleiht.

10-20 Minuten | 30 bis 60 Minuten | Schüssel, Stabmixer

Ergibt ca. 300 g:

- 250 g gekochte weiße Bohnen
- 1 rote Paprika
- 1-2 TL Harissa Gewürz (Chili, Knoblauch, Koriander, Kreuzkümmel, Paprika)
- Salz nach Geschmack

Zubereitung:

1. Entkerne die rote Paprika und schneide sie in kleine Stücke.
2. Gib die geschnittene Paprika gemeinsam mit den restlichen Zutaten in eine Schüssel und mixe sie mit einem Stabmixer cremig.
3. Lass den Aufstrich/Dip anschließend für eine Weile ziehen (er dickt dabei merklich an). Verbrauche ihn innerhalb von drei Tagen.

Zucchini-Chutney

Zucchini mal anders! Dieses Chutney ist mit Gewürzen verfeinert und lässt sich vielseitig einsetzen. Ich verwende es gern in Sandwiches, zu Bratlingen und Burgern, oder auch als Beilage zu einem herzhaften „Gulasch“ und anderen Soßen.

15 Minuten | 30-45 Minuten | Topf

Ergibt ca. 700 g:

- etwas Öl
- 1½ TL Senfkörner
- ½ TL Kreuzkümmel
- ½ Zwiebel, fein gehackt
- 500 g Zucchini, klein gewürfelt
- 120 g Datteln, fein gehackt
- 1 TL Kurkumapulver
- ½ TL Salz
- 150 ml Apfelessig

Zubereitung:

1. Erhitze den Topf mit etwas Öl und röste Senfkörner und Kreuzkümmel darin an (oder röste sie trocken).
2. Wenn die Senfkörner anfangen aufzuplatzen, gib die fein gehackte Zwiebel hinzu und schmore sie unter regelmäßigem Rühren bis sie glasig ist.
3. Schütte anschließend alle übrigen Zutaten in den Topf und lass es eine Weile auf niedriger Hitze köcheln bis die Zucchini weich ist. Sollte die Mischung zu wässrig sein, koche es noch etwas länger.
4. Fülle das heiße Chutney in heiße, sterile Gläser und verschließe sie fest mit sterilen Deckeln (siehe auch Seite 9).

Vermische das Chutney mit etwas pflanzlicher „Sahne“ oder Joghurt, um daraus eine leckere „Remoulade“ zu zaubern. Ist es zu stückig, einfach etwas mit dem Stabmixer pürieren. Sehr lecker als Dip zu Kartoffelspalten, Ofengemüse oder als Soße zu Bratlingen.

Mandel-Cashew wie „Frischkäse“

Probiotisch und voller Geschmack! Dieser pflanzliche Ersatz für Frischkäse benötigt nur wenige Zutaten und steht dem Original in nichts nach. Ob als Brotaufstrich oder Zutat in Dressings und Soßen, er ist sehr vielseitig einsetzbar.

4-6 Stunden | 10 Minuten | 8 bis 12 Stunden | Hochleistungsmixer

Ergibt ca. 250 g:

- 100 g Mandeln*
- 100 g Cashewkerne*
- 150 ml Wasser
- 1 TL Zucker
- ½ TL Salz
- Inhalt von 2-3 probiotischen Kapseln

* 4 bis 6 Stunden in Wasser einweichen, dann abspülen und abtropfen

** siehe Seite 9

Zubereitung:

1. Mixe zunächst die Mandeln, Cashews mit dem Wasser cremig.

2. Gib nun die übrigen Zutaten hinzu und mixe es nochmals bis es cremig ist.

3. Schütte die Mischung in ein steriles Glas** und lege den Deckel des Glases lose auf. Stelle es an einen warmen Ort und lass es ca. 8 bis 12 Stunden fermentieren.

4. Wenn kleine Bläschen in der Mischung auftauchen, ist die pflanzliche Alternative für Frischkäse fertig. Bewahre ihn nun im Kühlschrank auf und verbrauche ihn innerhalb von 3 bis 5 Tagen.

Mandel-Laibchen

Mandeln lassen sich wunderbar zu diesen niedlichen Laibchen verarbeiten. Eine ganze Reihe von Geschmackskombinationen können erreicht werden, indem du die fertigen Laibchen in verschiedenen Kräutern oder Gewürzen wälzt. Einer meiner absoluten Favoriten ist getrockneter Basilikum.

8 Stunden | 20 Minuten | 24 Stunden | Hochleistungsmixer oder sehr kräftiger Stabmixer

Ergibt 3 Laibchen:

- 200 g Mandeln*
- 70 ml Wasser
- ½ TL Salz
- Inhalt von 2-3 probiotischen Kapseln
- Kräuter und Gewürze deiner Wahl

* 8 Stunden in Wasser einweichen, dann abspülen und abtropfen

Zubereitung:

1. Mixe alle Zutaten im Hochleistungsmixer so cremig wie möglich. Ein Stampfer eignet sich sehr gut, um die Mischung beim Mixen in Bewegung zu halten.
2. Forme anschließend die Laibchen und rolle sie in Gewürzen oder Kräutern deiner Wahl.
3. Trockne die Laibchen nun entweder im Dörrgerät oder im Backofen auf niedrigster Temperatur (am besten unter 50 °C) für ein paar Stunden, bis sie sich etwas fester anfühlen.
4. Bewahre die Laibchen im Kühlschrank auf. Je länger du sie reifen lässt, desto mehr Geschmack entwickeln sie. Am besten innerhalb von einer Woche genießen.

Anmerkung: Gerade beim Fermentieren muss man besonders sauber arbeiten um möglichst wenige Keime in das Essen zu bekommen. Siehe auch Tipps auf Seite 9.

Lupinen wie „Reibekäse“

Schnell und einfach zubereitet, dieser pflanzliche „Käse“ basiert auf Lupinen und hat eine recht feste Textur. So fest, dass er sich gut reiben lässt. Außerdem schmilzt er beim Backen! Hierzu verwende ich etwas Kokosöl, welches essentiell ist wenn du mit dem „Käse“ backen willst und es trägt entscheidend zu dem Geschmack bei.

5 Minuten | 15 Minuten | 2 Stunden | Topf, hitzebeständiges Förmchen

Ergibt 1 Laibchen:

- 100 ml Wasser
- 30 g Kokosöl (desodoriert falls du den Geschmack nicht magst - alternativ 25 g Olivenöl)
- 2 EL Lupinenmehl
- 1 EL Hefeflocken
- ½ TL Salz (oder nach Geschmack)

- 50 ml Wasser
- 2 TL Agar Agar Pulver (nicht Flocken), siehe Seite 7

Zubereitung:

1. Vermische Wasser, Kokosöl, Lupinenmehl und Salz in einem kleinen Topf.
2. Bringe das Ganze vorsichtig zum Kochen und lass es auf niedriger Flamme 5 bis 10 Minuten köcheln.
3. Vermische in der Zwischenzeit die restlichen 50 ml Wasser und das Agar Agar Pulver in einer kleinen Tasse oder Schüssel und lass es ein paar Minuten quellen.
4. Schütte die Agar Agar Mischung nun in den Topf und verrühre sie mit den anderen Zutaten. Koche es ein paar Minuten unter ständigem Rühren.
5. Fülle die Mischung anschließend in eine hitzebeständige Form und lass es etwas abkühlen bevor du sie im Kühlschrank für ein paar Stunden fest werden lässt. Verbrauche den „Käse“ innerhalb von ca. 5 Tagen.

Einfacher „Käse“

Mein liebstes einfaches „Käse“ Rezept, dass sich schnell zubereiten lässt und nur wenige Zutaten benötigt. Du kannst verschiedene Nüsse oder Kerne verwenden. Der Geschmack lässt sich mit einer Vielzahl von Kräutern und Gewürzen wunderbar variieren.

10 Minuten | 15 Minuten | 2 Stunden | Mini-Mixer, Topf, Förmchen

Ergibt ca. 150 g:

- 30 g Cashewkerne
- 140 ml Wasser
- 1 EL Hefeflocken
- 2 TL Agar Agar Pulver (nicht Flocken), siehe Seite 7
- ¼ TL Salz
- getrocknete Kräuter und/ oder Gewürze deiner Wahl (zum Beispiel Basilikum, Thymian, Kräuter der Provence, Paprika etc.)

Zubereitung:

1. Mixe zunächst alle Zutaten im Mini-Mixer cremig.
2. Schütte die Mischung in einen kleinen Topf und bringe sie vorsichtig zum Kochen. Lass sie dann bei ständigem Rühren ein paar Minuten köcheln. Sie sollte merklich andicken.
3. Streue Kräuter oder Gewürze deiner Wahl in das Förmchen (ich verwende ein Auflaufförmchen). Verteile die Käsemischung gleichmäßig darin. Streue mehr Kräuter oder Gewürze darauf.
4. Lass es etwas abkühlen. Stelle es in den Kühlschrank, um es fest werden zu lassen. Verbrauche den „Käse“ innerhalb von 3 Tagen.

Mandeln wie „Parmesan“

Dieses Rezept ist super einfach und lässt sich schnell herstellen. Anstelle von Mandeln können auch Cashewkerne, Macadamianüsse oder Hanfsamen verwendet werden. Diese Alternative für Parmesan schmeckt super mit Pastagerichten oder auf anderen Gerichten, wie zum Beispiel Aufläufe oder Salat.

5 Minuten

Hochleistungsmixer oder Kraftvoller Mini-Mixer

Ergibt ca. 80 g:

- 70 g blanchierte Mandeln
- 2-3 EL Hefeflocken
- ½ TL Salz (oder nach Geschmack)
- ¼ TL Schwarzes Himayala Salz
- 1-3 Prisen Chili

Zubereitung:

1. Gib alle Zutaten in den Mixer und mixe es zu feinen Krümeln.
2. Schütte die fertig gemixte Mischung in ein luftdicht verschließbares Gefäß und bewahre dieses im Kühlschrank auf.
3. Am besten innerhalb von ein paar Wochen aufbrauchen.

Dressings & Dips

Flower-Power-Salat-Dressing

Perfekt für die Frühlings- und Sommerzeit, mit diesem Dressing bringst du Farbe auf den Tisch. Es gibt unzählige essbare Blüten und Kräuter zum Variieren.

10 Minuten Mini-Mixer

Ergibt ca. 250 ml:

- 35 g Cashewkerne
- 60 ml Wasser*

- 1 bis 2 EL Apfelessig
- ½ TL Zucker
- Salz & Pfeffer nach Geschmack
- 1 Bund Kräuter (meine Lieblingskombination ist momentan Petersilie und Dill)

Zusätzliche Optionen:
gehackte Frühlingszwiebel und/oder Knoblauch, Schnittlauch sowie andere frische Kräuter und essbare Blüten…

*Alternativ zu Cashewkernen und Wasser 100 g pflanzlicher Joghurt

Zubereitung:

1. Mixe zuerst die Cashews mit dem Wasser cremig (ein kleiner Mini-Mixer eignet sich hierfür am besten).
2. Schütte die Mischung in ein Dressingkännchen oder Schüsselchen.
3. Rühre Apfelessig und Zucker darunter. Schmecke mit Salz und Pfeffer ab.
4. Mixe nun entweder die Kräuter kurz im Mixer oder hacke sie auf dem Brettchen fein. Vermische sie mit dem Dressing.
5. Bewahre das Dressing bis zum Servieren gekühlt auf und verbrauche es innerhalb von ca. drei Tagen.

Pinkes Dressing

Dieses Dressing lässt sich schnell und einfach zubereiten und sorgt für Farbenfreude und Geschmack auf dem Salatteller. Gekocht oder roh, Rote Bete ist der Star in diesem Rezept.

10 Minuten

Mini-Mixer

Ergibt ca. 200 ml:

- 150 g pflanzlicher Joghurt
- 40 g Rote Bete (oder mehr falls du magst), gekocht oder roh
- 1 EL Apfelessig
- 1 TL Zucker
- 1 kleine Knoblauchzehe
- Salz nach Geschmack

Zubereitung:

1. Gib alle Zutaten in einen Mini-Mixer und mixe es cremig.
2. Schütte die Mischung in das Serviergefäß oder den Aufbewahrungsbehälter. Spüle den Mixer mit einem kleinen bisschen Wasser aus und gib es mit in das Dressing.
3. Bewahre es bis zum Servieren gekühlt auf und verbrauche es innerhalb von drei Tagen.

Ingwer-Karotten-Salat-Dressing

Ingwer und Karotten sorgen für einen besonderen Geschmack in diesem Dressing, welches sich auch sehr gut als Dip oder als Burgersoße eignet.

4-6 Stunden | 15 Minuten | Mini-Mixer

Ergibt ca. 250 ml:

- 110 g Cashewkerne (oder Mandeln)*
- 100 g Karotten
- 1,5 cm Stück Ingwer (oder mehr falls du magst)
- ½ TL Kurkuma, gemahlen (oder frisch wenn du magst)
- 1-2 kleine Knoblauchzehen
- ¼ TL Salz (oder nach Geschmack)
- 125 ml Wasser

* 4 bis 6 Stunden in Wasser einweichen, dann abspülen und abtropfen

Zubereitung:

1. Schneide die Karotten in kleinere Stücke und mixe sie mit den verbliebenen Zutaten in einem Mixer cremig.
2. Gib das Ganze in ein Servierschälchen oder Aufbewahrungsgefäß. Bewahre es im Kühlschrank auf und verbrauche es innerhalb der nächsten drei Tage.
3. Sollte es etwas zu dickflüssig werden, gib einfach etwas Wasser hinzu.

Dieses Rezept eignet sich auch sehr gut für Burgersoße. Das Rezept für die Bratlinge findest du auf Seite 67.

Cremiges Dill-Dressing

Gurkensalat schmeckt einfach so gut mit einem cremigen Dilldressing, es ist die perfekte Geschmackskombination. Anstelle von Cashews und Wasser kannst du auch pflanzlichen Joghurt verwenden.

4-6 Stunden | 15 Minuten | Mini-Mixer

Ergibt ca. 250 ml:

- 30 g Cashewkerne (oder Mandeln)*
- 80 ml Wasser (oder mehr wenn du es etwas flüssiger magst)
- 1 Frühlingszwiebel
- 1 Bund frischer Dill
- 1 kleine Knoblauchzehe
- Salz & Pfeffer nach Geschmack
- 2 EL Apfelessig oder frisch gepresster Zitronensaft
- 1 Salatgurke

* 4 bis 6 Stunden in Wasser einweichen, dann abspülen und abtropfen

Zubereitung:

1. Presse den Knoblauch durch die Knoblauchpresse in die Salatschüssel.
2. Schneide die Frühlingszwiebel in feine Ringe (geht übrigens sehr gut mit einer Schere), schneide Dill und Petersilie fein und gib alles in die Salatschüssel.
3. Mixe die Cashews mit dem Wasser in einem Mixer zu einer feinen Paste. Schütte sie dann zu den anderen Zutaten. Spüle den Mixer mit etwas Wasser aus und gib es mit in die Schüssel.
4. Nun mit Salz, Pfeffer, Essig oder Zitronensaft abschmecken und alle Zutaten gut vermischen.
5. Schneide die Gurke in sehr feine Scheiben und verrühre sie mit dem Dressing. Vor dem Servieren am besten etwas ziehen lassen.

Dieser Salat eignet sich auch hervorragend als Grundlage für Kartoffelsalat. Gib hierzu frisch gekochte Pellkartoffeln hinzu, nachdem du sie geschält und in Stücke geschnitten hast. Schmecke mit Apfelessig und Salz ab und lass es am besten für ein paar Stunden ziehen.

Paprika-Basilikum-Salat-Dressing

In diesem Salatdressing spielt frische Paprika die Hauptrolle. Sie verleiht ihm nicht nur eine schöne Farbe, sondern auch einen leckeren Geschmack. Die Datteln geben dem Ganzen noch etwas Süße und dicken das Dressing an - ganz ohne Nüsse oder Kerne.

10 Minuten | 30 Minuten | Mini-Mixer

Ergibt ca. 250 ml:

- 75 g pflanzlicher Joghurt
- ¼ rote Paprika
- 1 Knoblauchzehe
- 2 bis 3 Datteln, entsteint
- ½ TL Basilikum, getrocknet
- Salz nach Geschmack

Zubereitung:

1. Hacke die Datteln klein und gib sie mit den verbliebenen Zutaten in einen kraftvollen Mini-Mixer. Mixe das Ganze cremig.
2. Gib das Dressing in eine kleine Schüssel oder ein Servierkännchen und lass es ca. 30 Minuten ziehen.
3. Bewahre das Dressing gekühlt in einem luftdichten Behälter auf und verbrauche es innerhalb von ca. drei Tagen.

Hanf-Senf-Dressing

Schnell und einfach und ganz ohne Nüsse oder Kerne - dieses Dressing basiert auf Hanfsamen. Der Omega 3 Gehalt ist recht hoch in Hanfsamen, was sie zu einer guten Quelle dieses gesunden Fettes macht.

5 Minuten

Mini-Mixer

Ergibt ca. 250 ml:

- 80 g Hanfsamen
- 150 ml Wasser (oder mehr wenn du es etwas wässriger magst)
- 2 TL Senf
- 2 TL Apfelessig
- 1 TL Zucker
- 1 kleine Knoblauchzehe
- Salz nach Geschmack

Zusätzliche Optionen:

- Frische, gehackte Kräuter (zum Beispiel Dill oder Petersilie)
- Gehackter Schnittlauch

Zubereitung:

1. Gib alle Zutaten in einen Mini-Mixer und mixe es cremig.
2. Schütte die Mischung in das Serviergefäß oder den Aufbewahrungsbehälter. Spüle den Mixer mit einem kleinen bisschen Wasser aus und gib es mit in das Dressing.
3. Bewahre es bis zum Servieren gekühlt auf und verbrauche es innerhalb von drei Tagen.

Super Einfache Tahini-Soße

Diese Tahinisoße war eine der ersten veganen Soßen, die ich probierte. Der Geschmack hat mich auf Anhieb begeistert. Sie ist eine klassische Beilage im mittleren Osten. Diese Soße lässt sich super schnell zubereiten und ist sehr vielseitig verwendbar. Ob Falafel, Burger oder als Dip mit Gemüse, es gibt zahlreiche Möglichkeiten. Dies ist das Grundrezept, welches du nach deinem Geschmack verändern kannst.

10 Minuten | 30 Minuten | Schüssel

Ergibt ca. 200 ml:

- 2 EL Tahini (oder anderes Nuss-/Kernmus)
- 1-2 EL frischer Zitronensaft
- ca. 5 EL Wasser (je nachdem wie cremig du es magst)
- 1 kleine Knoblauchzehe, fein gepresst
- Salz nach Geschmack

Zusätzliche Optionen:

- Mische etwas pflanzlichen Joghurt darunter für ein Salat Dressing
- Zusätzlich etwas Paprika und Chili ergibt eine etwas feurigere Version

Zubereitung:

1. Verrühre alle Zutaten mit einem kleinen Löffel in einer kleinen Schüssel bis es cremig ist.
2. Je nach Geschmack kannst du die Zutaten variieren. Für ein Salatdressing einfach mit Wasser verdünnen.
3. Bewahre die Soße gekühlt in einem luftdichten Behälter auf und verbrauche sie innerhalb weniger Tage.

Paprika-Dip

Wenn es mal schnell gehen soll: Dieses Rezept ist super einfach und flott zubereitet. Der Dip lässt sich nach Geschmack mild oder scharf würzen und ist vielseitig einsetzbar, zum Beispiel mit Burgern oder als Dip zu Ofengemüse.

5 Minuten | 5 Minuten | 30 Minuten | Mini-Mixer oder Hochleistungsmixer

Ergibt ca. 250 ml:

- 150 g rote Paprika
- 80 g Cashewkerne (oder in Wasser eingeweichte blanchierte Mandeln oder Sonnenblumenkerne)
- 25-50 ml Wasser (beginne mit weniger und erhöhe es bei Bedarf)
- 1 kleine saure Gurke
- 1-2 EL Paprika, edelsüß
- ¼ TL Salz
- ½ TL Zucker
- 1 kleine Knoblauchzehe
- Chili nach Geschmack
- ein paar Spritzer Zitronensaft

Zubereitung:

1. Entkerne die Paprika und schneide sie in kleinere Stücke.
2. Gib die geschnittene Paprika mit den restlichen Zutaten in einen kraftvollen Mini Mixer oder Hochleistungsmixer und mixe es cremig.
3. Lass den fertigen Dip für ca. 30 Minuten ziehen. Er dickt merklich an.
4. Serviere den Dip dann entweder sofort oder bewahre ihn in einem verschlossenen Behälter im Kühlschrank auf und verbrauche ihn innerhalb von drei Tagen.

Dieser Dip lässt sich auch als tomatenfreie Pizzasoße verwenden. Hierzu brauchst du nur ca. 50 ml mehr Wasser und einen Esslöffel Reismehl. Mixe alle Zutaten cremig und verteile sie auf dem Pizzateig bevor du sie belegst.

Oder verwende das Rezept als Grundlage für Pastasoße. Gib ca. 200 ml Wasser hinzu, bringe es in einem Topf zum Kochen und lass es für ein paar Minuten köcheln. Bei Bedarf noch etwas mehr Wasser hinzugeben.

Kräuter-Creme

Für alle, die Kräuter lieben! Ich finde, eine gute Kräutersoße kann so manche Mahlzeit um ein Vielfaches bereichern. Diese Kräutercreme wird in drei Schritten hergestellt: zuerst kochen, dann abkühlen lassen und verfeinern. Durch das Kochen wird sie schön cremig, ohne viele Nüsse oder Kerne zu benötigen.

20 Minuten | 20 Minuten | 60 Minuten | Mini-Mixer, Topf

Ergibt ca. 200 ml:

- 20 g Cashewkerne (Alternativ eingeweichte blanchierte Mandeln oder Sonnenblumenkerne)
- 200 ml Wasser
- 1 EL Reismehl
- 1 TL Apfelessig oder Zitronensaft
- 1 kleine Knoblauchzehe, gepresst
- Salz nach Geschmack
- ein Bund Kräuter deiner Wahl (ich empfehle Petersilie und Dill), fein gehackt

Zusätzliche Optionen:

- Mische etwas pflanzlichen Joghurt darunter für ein Salat Dressing
- Fein gehackter Schnittlauch

Zubereitung:

1. Mixe die Cashews, Wasser und Reismehl im Mixer cremig.
2. Schütte die Mischung in einen kleinen Topf und bringe das Ganze vorsichtig zum Kochen. Lass es ein paar Minuten köcheln.
3. Für den nächsten Schritt zunächst komplett abkühlen lassen.
4. Gib nun Apfelessig, Knoblauch, gehackte Kräuter hinzu und schmecke es mit Salz ab.
5. Bewahre die Creme bis zum Servieren im Kühlschrank auf. Verbrauche sie innerhalb weniger Tage.

Burger & Bratlinge

Meine Burger Tipps

Hier findest du meine Tipps für einen leckeren pflanzlichen Burger. Es gibt viele Kombinationsmöglichkeiten, daher betrachte diese Anleitung als Vorlage, die du nach Belieben anpassen und ändern kannst.

10 Minuten

Grundzutaten:

- Burger Buns (siehe Rezept Seite 89)
- Bratlinge
- frischer Salat
- Tomaten- und Gurkenscheiben
- rote Zwiebelringe
- saure Gurke, in Scheiben
- Grillsoße oder andere Soßen (zum Beispiel Seite 48 oder 158)

Weitere Optionen:

- eingelegte rote Bete
- pflanzliche „Käse" Scheiben

Zubereitung:

1. Halbiere die Burger Buns und toaste die Innenseiten an.
2. Bestreiche diese Hälften mit etwas Grillsoße (Avocado eignet sich auch sehr gut).
3. Schichte die Zutaten auf der unteren Burger Bun Hälfte auf. Meine bevorzugte Reihenfolge:
   - saure Gurke
   - Salat
   - Tomaten- oder Gurkenscheiben
   - Grillsoße
   - Bratling
   - Grillsoße
   - mehr Salat und Tomaten- oder Gurkenscheiben
   - obere Hälfte des Burger Buns

Rote Bete & Buchweizen-Burger

Ganzer Buchweizen lässt sich nicht nur als Alternative für Reis zubereiten. Er ist auch eine sehr gute Zutat für Bratlinge mit frisch geraspelter Roter Bete und einer Auswahl von Kräutern und Gewürzen.

20 Minuten | 45 Minuten | Sieb, Kartoffelstampfer, Pfanne

Ergibt ca. 6 Stück:

- 100 g Buchweizen, ganz
- 250 ml Wasser

- 100 g grob geraspelte Rote Bete
- 1-2 Prisen Salz
- ½ TL jeweils: gemahlener Koriander, gemahlener Piment, Thymian, Majoran, Oregano
- 2 EL Tahini (oder anderes Nuss-/Kernmus)
- ½ EL Sojasoße (oder Kokos-Aminos)
- 10 Tropfen Flüssigrauch
- 1 EL Flohsamenschalen
- 1 bis 2 EL Reismehl
- 1-2 Knoblauchzehen, fein gehackt

Zubereitung:

1. Wasche den Buchweizen in einem Sieb und lass ihn abtropfen. Gib den gewaschenen Buchweizen mit dem Wasser in einen kleinen Topf und bringe ihn auf mittlerer Hitze zum Kochen. Bei niedriger Hitze mit geschlossenem Deckel köcheln lassen bis das Wasser aufgesogen ist (ca. 20 Minuten).
2. Gib den gekochten Buchweizen in eine Schüssel und zerstampfe ihn so gut es geht mit einem Kartoffelstampfer.
3. Gib die verbliebenen Zutaten hinzu und verrühre alles. Ein Holzlöffel eignet sich gut für diesen Schritt.
4. Heize die Pfanne vor. Falls du keine gute Non-Stick Pfanne hast, aber gern Öl vermeiden willst, schneide ein Stück Backpapier auf die Größe der Pfanne zurecht.
5. Forme die Bratlinge mit kalten, nassen Händen. Brate sie von beiden Seiten bis sie goldbraun werden.

Dieses Rezept eignet sich auch sehr gut für „Nix-Fleisch-Bällchen". Forme hierzu kleine Bällchen anstelle von Bratlingen und backe sie bei 200 °C (Ober-/Unterhitze) für circa 20 Minuten. Weitere Zubereitungsschritte für die Tomatensoße findest du auf Seite 154.

Spinat-Kartoffel-Bratlinge

Spinat und Kartoffeln mal anders! Diese Bratlinge und ein frischer Salat ergeben ein gesundes Mal, auch eignen sie sich gut als Burger zwischen zwei Brötchenhälften.

20 Minuten | 45 Minuten | Topf, Kartoffelstampfer, Pfanne

Ergibt ca. 8 Bratlinge:

- ca. 600 g Kartoffeln
- 1-2 Prisen Salz
- 80 g Maismehl (alternativ Lupinen- oder Kichererbsenmehl)
- 2 Handvoll frischer Baby Spinat (oder grob gehackter Spinat), blanchiert
- 1 EL Flohsamenschalen
- ½ TL Salz
- ½ TL Pfeffer schwarz, frisch gemahlen
- ½ TL Muskat, frisch gerieben
- etwas zusätzliches Wasser falls notwendig

Zubereitung:

1. Schäle die Kartoffeln und schneide sie in gleich große Stücke. Gib sie mit etwas Salz in einen mittelgroßen Topf, bedecke sie mit Wasser und bringe sie zum Kochen.

2. Wenn die Kartoffeln weich sind, nimm den Topf vom Herd und zerstampfe sie mit dem übrig gebliebenem Wasser.

3. Gib Gewürze, Maismehl und Flohsamenschalen hinzu und rühre es gut durch. Es sollte einen recht festen Teig ergeben. Falls er zu trocken ist, noch etwas extra Wasser hinzugeben. Rühre anschließend den blanchierten Spinat vorsichtig unter.

4. Wenn der Teig genügend abgekühlt ist, forme die Bratlinge. Brate sie in einer sehr guten Non-Stick Pfanne bei mittlerer Hitze ca. 10 Minuten auf jeder Seite. Du kannst sie auch in einem Backofen bei 200 °C (Ober-/Unterhitze) für ca. 20 Minuten backen (zwischendurch wenden).

Zucchini-Bratlinge

Perfekt für den Sommer mit seiner Fülle an Zucchini - diese Zucchinibratlinge lassen sich sehr einfach und schnell zubereiten. Anstelle von Oregano und Basilikum kannst du auch viele andere Kräuter und Gewürze probieren.

15 Minuten | 30 Minuten | 20-30 Minuten | Gemüsereibe, Schüssel, Pfanne

Ergibt ca. 6 bis 8 Stück:

- 450 g Zucchini, grob geraspelt
- 100 g Maismehl
- 2 EL Buchweizenmehl
- 1 gehäufter EL Flohsamenschalen
- 1 EL Tahini (oder anderes Nuss-/Kernmus)
- 1 EL Sojasoße (oder Kokos-Aminos)
- ½ EL Zitronensaft
- 1 TL Salz (oder weniger falls gewünscht)
- 1 TL Oregano, getrocknet
- 1 TL Basilikum, getrocknet
- 1-2 Knoblauchzehen, gepresst
- ein paar Prisen Chili

Zubereitung:

1. Vermische alle Zutaten für die Bratlinge in einer Schüssel und lasse das Ganze ca. 30 Minuten ziehen.
2. Heize eine sehr gute Non-Stick Pfanne vor. Forme in der Zwischenzeit die Bratlinge mit nassen Händen.
3. Brate die Bratlinge für ca. 15 Minuten oder bis sie anfangen leicht goldbraun zu werden. Wende sie und brate sie weiter bis sie fertig sind.
4. Alternativ kannst du die Bratlinge auch im Ofen bei 190 °C (Ober-/Unterhitze) backen (ca. 10 Minuten, dann wenden und weitere 10 Minuten, oder bis sie goldbraun sind).

Quinoa-Bratlinge

Quinoa eignet sich hervorragend für Bratlinge. Durch die Zubereitung im Backofen ergibt sich eine angenehm feste Konsistenz. Du kannst sie auch in der Pfanne braten.

20 Minuten | 60 Minuten | Topf, Mixer, Schüssel, Backblech oder Pfanne

Ergibt ca. 4 Bratlinge:

- 110 g Quinoa (vorzugsweise rot oder braun)
- 250 ml Wasser

- 1 kleine Zwiebel
- 60 ml Wasser
- 2 gehäufte EL Tahini (oder anderes Nuss-/Kernmus)

- 3 EL Buchweizenmehl
- 2-3 TL Paprika, geräuchert
- 1 TL Koriander, gemahlen
- ¾ TL Salz

Zubereitung:

1. Wasche die Quinoa, spüle und tropfe sie ab. Bringe sie dann mit 250 ml Wasser in einem kleinen Topf mit Deckel zum Kochen. Lass sie anschließend auf niedriger Hitze 10-15 Minuten köcheln, oder bis das Wasser aufgebraucht ist. Danach mit geschlossenem Deckel mindestens 5 Minuten ziehen lassen.
2. Heize in der Zwischenzeit den Ofen auf 200 °C (Ober-/Unterhitze) vor. Schäle und schneide die Zwiebel in grobe Stücke. Gib sie mit 60 ml Wasser und Tahini in den Mixer und mixe es fein. Schütte die Mischung in eine mittelgroße Schüssel.
3. Gib die gekochte Quinoa und die restlichen Zutaten hinzu. Mische es gut durch. Es sollte eine recht feste, knetbare Masse entstehen. Bei Bedarf noch etwas Mehl hinzugeben.
4. Forme die Bratlinge mit nassen, kalten Händen und verteile sie auf einem Backblech.
5. Backe sie ca. 15 Minuten. Danach wenden und für ca. 10 Minuten weiter backen (oder bis sie goldbraun werden). Alternativ in der Pfanne braten.

Dieses Rezept eignet sich auch sehr gut für „Nix-Fleisch-Bällchen“. Forme hierzu kleine Bällchen anstelle von Bratlingen und backe sie bei 200 °C (Ober-/Unterhitze) circa 20 Minuten (zwischendurch wenden). Weitere Zubereitungsschritte für die Tomatensoße findest du auf Seite 154.

Karotten-Bratlinge

Karotten sind die Hauptzutat für diese Bratlinge. Sie lassen sich ohne viel Aufwand zubereiten. Kombiniert mit einem leckeren Dip eignen sie sich auch gut als Finger Food oder Snack in der Lunch Box.

15 Minuten | 15 Minuten | 20-30 Minuten | Gemüsereibe, Schüssel, Pfanne

Ergibt ca. 6 bis 8 Stück:

- 200 g Karotten, grob geraspelt
- 1 kleine Knoblauchzehe, fein gehackt
- 1 EL Tahini (oder anderes Nuss-/ Kernmus)
- ½ TL Ingwer, gemahlen
- 1 Prise Chili (oder nach Geschmack)
- ¼ TL Salz (oder nach Geschmack)
- 3 EL Reismehl
- 1 EL Flohsamenschalen

Zubereitung:

1. Gib die Zutaten in eine Schüssel und verrühre sie, bis sie gut vermischt sind. Lass das Ganze ca. 15 Minuten ziehen.
2. Heize den Ofen auf 180 °C (Ober-/ Unterhitze) vor. Forme die Bratlinge mit nassen, kalten Händen und lege sie auf ein Backblech.
3. Backe die Bratlinge ca. 20 bis 30 Minuten oder bis sie goldbraun sind.
4. Das Rezept für die Kräutersoße findest du auf Seite 60.

Pilz & Sonnenblumenkern-Bratlinge

Die Kombination von Pilzen und Sonnenblumenkernen ergibt eine perfekte Mischung für Bratlinge. Sie haben eine recht feste Textur und sind wunderbar füllend. In einer Pfanne oder im Ofen leicht vorgegart eignen sie sich auch sehr gut zum Grillen.

4 Stunden | 15 Minuten | 15 Minuten | 30 Minuten | Stabmixer, Pfanne

Ergibt ca. 4 Bratlinge:

- 100 g Sonnenblumenkerne*
- 200 g Pilze, fein gehackt
- ½ TL Salz
- ½ TL Koriander, gemahlen
- ½ TL Zwiebelpulver
- 1-2 Prisen Chili
- 1 EL Sojasoße (oder Kokos-Aminos)
- 50 g Kichererbsenmehl
- 50 g Reismehl (oder anderes glutenfreies Mehl)
- 2 EL Flohsamenschalen

* 4 bis 6 Stunden in Wasser einweichen, dann abspülen und abtropfen

Zubereitung:

1. Lass die Sonnenblumenkerne nach dem Einweichen und Abspülen in einem Sieb gut abtropfen.

2. Vermische in der Zwischenzeit in einer Schüssel die fein gehackten Pilze mit dem Salz. Lass sie so lange ziehen, bis die Pilze merklich geschrumpft sind und wässrig werden (ca. 30 Minuten).

3. Gib die Sonnenblumenkerne hinzu. Mixe das Ganze grob mit einem Stabmixer.

4. Vermische es nun mit den Gewürzen. Rühre anschließend die verbliebenen Zutaten darunter und lass es nochmals kurz ziehen.

5. Forme Bratlinge mit nassen Händen und brate sie entweder in der Pfanne auf niedriger Temperatur von beiden Seiten oder backe sie im Backofen bei 190 °C (Ober-/Unterhitze) ca. 25 Minuten (zwischendurch wenden).

Linsen-Bällchen

Diese Linsenbällchen sind eine meiner liebsten Rezepte, um eine Mahlzeit anzureichern. Sie sind traumhaft vielseitig einsetzbar, zum Beispiel in Tomatensoße mit Pasta, oder als Fingerfood bei Parties oder als Snack in der Lunchbox.

8 Stunden | 20 Minuten | 45-60 Minuten | Topf, Stabmixer, Pfanne

Ergibt ca. 6 bis 8 Stück:

- 100 g Linsen*
- 100 ml Wasser

- 3 EL Mehl, glutenfrei
- 1 Knoblauchzehe, gepresst
- 1 EL Flohsamenschalen, gemahlen
- 1 EL Tahini (oder anderes Nuss-/Kernmus)
- 1 TL Thymian , getrocknet
- ½ TL Kreuzkümmel, gemahlen
- ½ TL Salz
- 2-3 Prisen Chili

* ca. 8 Stunden in Wasser einweichen und anschließend etwas ankeimen lassen (siehe Tipps Seite 9). Alternativ kannst du auch bereits vorgegarte Linsen verwenden.

Zubereitung:

1. Koche die eingeweichten Linsen mit dem Wasser in einem kleinen Topf auf relativ niedriger Temperatur, bis das Wasser größtenteils aufgesaugt bzw. verdampft ist.

2. Mixe die nun weichen Linsen grob mit einem Stabmixer, bis die Mischung klebrig wird.

3. Rühre die verbliebenen Zutaten hinzu und vermische es. Die Mischung sollte etwas klebrig und leicht zu formen sein.

4. Forme die Bällchen mit nassen Händen und brate sie entweder in einer Pfanne oder backe sie in der Heißluftfritteuse oder im Backofen bei 190 °C (Ober-/Unterhitze) bis sie goldbraun sind. Falls nötig, zwischendurch wenden.

„Königsberger Klopse"

Ein Klassiker ganz ohne Fleisch! Dieses Rezept kommt außerdem ohne klassische Fleischersatzprodukte aus und hat einen köstlichen Geschmack. Besonders die Kapernsoße verfeinert das Ganze zu einem Gaumenschmaus.

4 Stunden | 30 Minuten | 30 Minuten | Schüssel, Stabmixer, Backblech, Topf

Ergibt ca. 16 Stück:

- 150 g Sonnenblumenkerne*
- 200 g Kidneybohnen, gekocht
- ½ Zwiebel, fein gehackt
- 3 EL Flohsamenschalen
- 1 EL Sojasoße (oder Kokos-Aminos)
- 1 TL Majoran, getrocknet
- ½ TL Salz
- 1-2 Msp Chili (o. nach Geschmack)
- ca. 10 Tropfen Flüssigrauch

Für die Soße:

- 200 ml pflanzliche Sahne**
- 100 bis 150 ml Wasser
- 1 EL Reismehl, gehäuft
- ¼ TL Zwiebelpulver

- 1-2 Lorbeerblätter
- 1 Msp. Muskat, frisch gerieben
- 1 EL Zitronensaft
- Salz nach Geschmack
- 2 EL Kapern

* 4 Stunden in Wasser einweichen, abspülen & abtropfen

**Alternativ 30 g Cashewkerne oder blanchierte Mandeln mit 200 ml Wasser cremig mixen.

Zubereitung:

1. Heize den Ofen auf 180 °C (Ober-/Unterhitze) vor. Nachdem du die Sonnenblumenkerne eingeweicht hast, spüle und tropfe sie gut ab.
2. Gib die Sonnenblumenkerne gemeinsam mit den Kidneybohnen in eine Schüssel und püriere sie mit einem Stabmixer zu einer stückigen Masse.
3. Rühre anschließend die verbliebenen Zutaten hinzu und lass es für ein paar Minuten ziehen.
4. Forme mit nassen Händen die Bällchen und verteile sie auf einem Backblech. Backe sie anschließend ca. 20 bis 30 Minuten und wende sie zwischendurch einmal.
5. Verrühre für die Soße zunächst Sahne, Wasser, Reismehl und Zwiebelpulver in einem Topf. Gib dann die restlichen Zutaten (außer den Kapern) hinzu und bringe das Ganze vorsichtig zum Kochen. Lass es etwas köcheln, bis die Soße merklich andickt.
6. Gib anschließend die Kapern hinzu. Bei Bedarf noch etwas Wasser hinzugeben.

Kichererbsen-Grill-Spieße

Perfekt für die Grillsaison! Diese Kichererbsen-Grillspieße bieten eine leckere Alternative zu den klassischen Bratspießen - rein pflanzlich. Die Geheimzutat ist eine scharfe Grillsoße. Ich empfehle hierzu mein Rezept von Seite 158. Natürlich kannst du auch eine beliebige andere Grillsoße verwenden.

30 Minuten | 30 Minuten | Schüssel, Stabmixer, breite Holzspieße, Pinsel, Backblech

Ergibt ca. 6 Stück:

- 300 g Kichererbsen, gekocht
- 1 TL Flohsamenschalen, gemahlen
- ¾ TL Kreuzkümmel, gemahlen
- ¾ TL Koriander, gemahlen
- ½ TL Ingwer, gemahlen (oder frisch gerieben)
- ½ TL Salz
- 1 EL Tahini (oder anderes Kern-/ Nussmus)
- 2-3 EL Grillsoße (Meine Empfehlung Seite 158)

Zubereitung:

1. Heize den Ofen auf 180 °C (Ober-/ Unterhitze) vor.
2. Gib alle Zutaten außer der Grillsoße in eine Schüssel und püriere sie mit dem Stabmixer. Es sollte ein knetbarer Teig entstehen. Ist er zu krümelig, gib löffelweise etwas Wasser hinzu.
3. Knete nun 6 Portionen ähnlich wie auf dem Foto abgebildet und stecke die Holzspieße zu ca. einem Drittel hinein.
4. Pinsel die Spieße mit der Grillsoße ein und lege sie auf ein Backblech. Backe das Ganze ca. 15 Minuten und wende sie vorsichtig. Backe sie anschließend weitere 10 Minuten oder bis sie goldbraun sind. Serviere sie mit einem Dip oder Remoulade.

Gemüse-„Schnitzel“

Gemüse mal anders! In diesem „Schnitzel“ versteckt sich nämlich eine ordentliche Portion, welche du auch saisonal variieren kannst (zum Beispiel mit Blumenkohl, Brokkoli, Zucchini, Kürbis etc.)

30 Minuten | 60 Minuten | Topf, Stabmixer, tiefe Teller, Pfanne

Ergibt 4 Stück:

- etwas Öl oder Wasser
- 1 kleine Zwiebel, fein gehackt
- 2 Karotten, fein gehackt
- etwas Wasser
- ½ rote Paprika, fein gehackt
- 1 handvoll Brokkoli, ein geschnitten
- 1 handvoll grüne Erbsen
- ½ TL Kreuzkümmel, gemahlen
- ½ TL Salz
- ¼ TL Chili

- 1 EL Flohsamenschalen, gemahlen
- 4-5 EL Reismehl

Für die Panade:

- siehe Seite 114
- Semmelbrösel, glutenfrei

Zubereitung:

1. Glasiere die Zwiebeln in etwas Öl oder Wasser. Gib dann die Karotten und etwas Wasser hinzu und koche das Ganze mit geschlossenem Deckel ca. 10 Minuten.
2. Schütte nun das restliche Gemüse, Kreuzkümmel, Salz und Chili in den Topf, rühre es gut durch und koche alles bissfest. Sollte es zu trocken werden, gib etwas mehr Wasser hinzu.
3. Mixe nun ca. die Hälfte grob mit einem Stabmixer. Verrühre sie dann mit dem restlichen Gemüse, Flohsamenschalen und Reismehl bis ein knetbarer Teig entsteht.
4. Forme nun vier Portionen in eine schnitzelähnliche Form und lege sie bei Seite.
5. Bereite für die Panade die Mischung von Seite 114 in einem tiefen Teller vor. Schütte Semmelbrösel in einen zweiten tiefen Teller.
6. Tauche nun ein „Schnitzel“ vorsichtig in die Mischung und streiche diese gleichmäßig über beide Seiten. Lege es dann in den Teller mit den Semmelbröseln und wälze es vorsichtig darin, bis es gleichmäßig bedeckt ist. Wiederhole den Schritt mit den restlichen „Schnitzeln“ bis sie alle paniert sind.
7. Brate die „Schnitzel“ in einer Pfanne beidseitig bis sie goldbraun sind (oder backe sie im Ofen bei 190 °C (Ober-/Unterhitze) ca. 30 Minuten, zwischendurch wenden.

Brot, Brötchen & Gebackenes

Brötchen ohne Hefe

Ganz ohne Hefe! Diese Brötchen lassen sich super einfach und schnell zubereiten. Sie haben eine fluffig weiche Konsistenz. Ich habe die Brötchen mit verschiedensten Mehlen probiert und es klappte wunderbar.

30 Minuten | 15-20 Minuten | Mixer, Schüssel, Backblech

Ergibt 6 Stück:

- 100 g Reismehl
- 100 g Buchweizenmehl
- 30 g Maismehl (oder Kichererbsenmehl)
- 1 TL Backpulver
- ½ TL Salz

- 70 g Kürbis (oder Süßkartoffeln, am besten orangene), gekocht und abgekühlt
- 350 ml Wasser
- 4 EL Flohsamenschalen

Zubereitung:

1. Heize den Ofen auf 220 °C (Ober-/Unterhitze) vor und bereite das Backblech vor (mit Mehl bestäuben oder Backpapier auslegen). Vermische die trockenen Zutaten in einer Schüssel.
2. Mixe den Kürbis mit dem Wasser in einem Mixer kurz cremig. Gib dann die Flohsamenschalen hinzu und mixe es nochmal kurz.
3. Schütte die Kürbismischung in die Schüssel mit den trockenen Zutaten und verrühre es gut.
4. Forme die Brötchen mit kalten, nassen Händen und lege sie auf das Backblech. Falls du magst, bestäube sie zusätzlich großzügig mit Mehl und schneide sie mit einem scharfen Messer längs etwas an.
5. Backe die Brötchen 25 bis 30 Minuten oder bis sie leicht anbräunen.

Diese Brötchen lassen sich auch als Burger Buns verwenden. Nachdem du sie geformt hast, pinsel sie mit pflanzlicher „Milch" ein. Streue dann Sesamsamen darüber und drücke sie leicht an. Backe sie dann ca. 25 Minuten oder bis sie leicht anbräunen.

Buchweizenbrot ohne Hefe

Ähnlich wie die Brötchen ohne Hefe kommt auch dieses Brot ganz ohne Hefe aus. Dieses Buchweizenbrot ist dem klassischen Mischbrot recht ähnlich. Es hat eine saftige Konsistenz und eignet sich sehr gut zum Toasten. Du kannst auch andere Mehle verwenden.

20-30 Minuten | 30 Minuten | Schüssel, Mixer, Backblech

Ergibt ein Brot:

- 250 g Buchweizenmehl
- 40 g Maismehl (oder Kichererbsenmehl)
- 1 TL Backpulver
- ½ TL Salz

- 100 g Süßkartoffeln (oder Kürbis, oder Kartoffeln), gekocht und abgekühlt
- 380 ml Wasser
- 4 EL Flohsamenschalen

Zubereitung:

1. Heize den Ofen auf 240 °C (Ober-/Unterhitze) vor. Vermische Buchweizenmehl, Maismehl, Backpulver und Salz in einer Schüssel.
2. Mixe die gekochten Kartoffeln und Wasser im Mixer cremig. Gib dann die Flohsamenschalen hinzu und mixe es nochmals kurz.
3. Schütte die Mischung in die Schüssel zu den trockenen Zutaten und verrühre es mit einem Holzlöffel zu einem Teig.
4. Forme mit nassen, kalten Händen einen Brotlaib und platziere ihn auf ein Backblech. Bestreue ihn mit etwas Mehl und schneide zwei Linien in den Teig. Backe das Brot ca. 30 Minuten.

Dieser Teig eignet sich auch sehr gut für Pizzaboden ohne Hefe. Nach Schritt 3 einfach mit etwas Mehl bestäuben und auf einem Backblech ausbreiten. Verteile dann Pizzasoße auf dem Teig und belege nach Wahl. Backe die Pizza anschließend im auf 220 °C vorgeheizten Ofen bei Ober-/Unterhitze ca. 25 Minuten oder bis der Teigrand leicht anbräunt.

Kartoffel-Brot

Kartoffeln sind *die* Zutat in diesem Rezept. Sie ergeben eine fluffige und saftige Textur. Das Brot ist etwas klebrig und eignet sich besonders zum Toasten. Auf einem Backblech verteilt, mit etwas Kräutern, Oliven und getrockneten Tomaten versehen, eignet sich der Teig auch sehr gut für Foccachia.

20 Minuten | 60/30 Minuten | 50 Minuten | Schüssel, Mixer, Pinsel, Kastenform 21 cm

Ergibt ein 21 cm Brot:

- 250 ml warmes Wasser
- 1 TL Zucker
- 2 TL Trockenhefe

- 150 g mehligkochende Kartoffeln, gekocht und abgekühlt
- 2 gehäufte EL Flohsamenschalen
- 300 ml warmes Wasser

- 280 g Reismehl
- 120 g Buchweizenmehl
- 50 g Mais- oder Kartoffelstärke
- 1 TL Salz

* etwas Olivenöl zum Einpinseln (alternativ Kokosmilch oder andere pflanzliche „Milch")

Zubereitung:

1. Rühre den Zucker in das warme Wasser und gib die Trockenhefe hinzu. Stelle sie beiseite bis es oben drauf schön schaumig ist (ca. 10 Minuten).

2. Mixe die Kartoffeln, Flohsamenschalen und Wasser im Mixer cremig und stelle sie beiseite.

3. In der Zwischenzeit vermische die trockenen Zutaten in einer Schüssel. Wenn die Hefemischung schön schaumig ist, schütte sie zusammen mit der Kartoffelmischung in die Schüssel zu den trockenen Zutaten und verrühre es.

4. Bedecke die Schüssel mit einem warmen, feuchten Geschirrtuch und lass den Teig 45 bis 60 Minuten an einem warmen, zugluftgeschützten Ort gehen. Heize den Ofen auf 220 °C (Ober-/Unterhitze) vor.

5. Bereite die Brotform vor (einfetten oder Backpapier). Rühre den Teig kurz durch und verteile ihn gleichmäßig in der Brotform. Lass das Ganze noch einmal bis zu 30 Minuten an einem warmen, zugluftgeschützten Ort gehen, bis der Teig merklich aufgegangen ist

6. Pinsel den Teig vorsichtig mit etwas Olivenöl* ein. Backe das Ganze ca. 50 Minuten. Sollte das Brot zu schnell braun werden, lege ein leeres, unbeschichtetes Blech in der Schiene über dem Brot ein, um es vor direkter Hitze zu schützen.

Rustikales Buchweizenbrot

Dieses Rezept ergibt ein saftiges Mischbrot mit herrlich knuspriger, rustikaler Kruste. Hierbei verwende ich meine Lieblingsmehlmischung aus Buchweizen- und Reismehl. Diese lassen sich auch mit anderen Mehlen ersetzen.

20 Minuten | 60/30 Minuten | 50 Minuten | Schüssel, Mixer, Pinsel, Backblech

Ergibt ein Brot:

- 250 ml warmes Wasser
- 1 TL Zucker
- 2 TL Trockenhefe

- 200 g Reismehl
- 200 g Buchweizenmehl
- 4 EL Flohsamenschalen
- 1 TL Salz
- 350 ml warmes Wasser

- etwas Mehl zum Bestäuben

Zubereitung:

1. Rühre den Zucker in das warme Wasser und gib die Trockenhefe hinzu. Stelle sie beiseite bis es oben drauf schön schaumig ist (ca. 10 Minuten).
2. Vermische Reismehl, Buchweizenmehl, Flohsamenschalen und Salz in einer Schüssel.
3. Sobald die Hefemischung schaumig geworden ist, schütte diese in die Schüssel zu den trockenen Zutaten. Gib die verbliebenen 350 ml warmes Wasser hinzu und verrühre es zu einem Teig.
4. Bedecke die Schüssel mit einem warmen, feuchten Geschirrtuch und lass den Teig ca. 45 Minuten an einem warmen, zugluftgeschützten Ort gehen. Heize den Ofen auf 220 °C (Ober-/Unterhitze) vor.
5. Wenn der Teig gut aufgegangen ist, stürze ihn direkt aus der Schüssel auf ein Backblech. Falls nötig, forme ihn etwas mit nassen Händen. Lass den Brotlaib nochmals ca. 30 Minuten gehen. Bestreue ihn dann mit etwas Mehl.
6. Backe das Ganze ca. 50 Minuten oder bis die Kruste goldbraun wird. Gegebenenfalls abdecken, falls es zu schnell anbräunt.

Körnerbrot

Ein Brot ganz ohne Getreide war die Inspiration für dieses Rezept. Es erinnert ein bisschen an Pumpernickel und ist recht füllend. Du kannst das Brot auch leicht toasten.

12 Stunden | 20 Minuten | 60-90 Minuten | Schüssel, Stabmixer, Kastenform

Ergibt ein 21 cm Brot:

- 280 g Kürbiskerne*
- 280 g Sonnenblumenkerne**
- 30 g Leinsamen, geschrotet
- 30 g ganze Leinsamen
- 1-2 EL Flohsamenschalen
- 1 TL Salz

* weiche sie für ca. 8 bis 12 Stunden in Wasser ein

** weiche sie für ca. 4 Stunden in Wasser ein

Zubereitung:

1. Nachdem du die Kürbiskerne und Sonnenblumenkerne in Wasser eingeweicht hast, spüle und tropfe sie gut ab.
2. Gib sie in eine Schüssel und mixe die Hälfte grob mit dem Stabmixer, bis die Mischung krümelig ist.
3. Rühre nun die verbliebenen Zutaten hinein und verknete es zu einem Teig. Die Textur sollte etwas klebrig und knetbar sein. Notfalls nochmal kurz mit dem Stabmixer pürieren.
4. Heize den Ofen auf 170 °C (Ober-/Unterhitze) vor und lege die Brotform mit Backpapier aus. Verteile den Teig gleichmäßig darin und drücke ihn etwas in die Form.
5. Backe das Ganze ca. 1 bis 1,5 Stunden. Wenn das Brot leicht goldbraun wird, ist es fertig.

Vielseitiger Mürbeteig

Dieser Mürbeteig ist wunderbar vielseitig und lässt sich in vielen Rezepten verwenden. Zum Beispiel als Pie Kruste (Seite 130) oder Tomatentarte (Seite 109). Oder mit Kräutern im Teig als Cracker oder Pizzastangen.

20 Minuten | 20 Minuten | 30 Minuten | Schüssel, Mixer

Ergibt 1 Blech:

- 150 g Reismehl
- 70 g Mandelmehl (alternativ gemahlene Sonnenblumenkerne)
- 2 TL Flohsamenschalen, gemahlen
- ½ TL Salz
- ½ TL Backpulver

- 40 g Tahini (oder anderes Nuss-/Kernmus)
- 160 ml pflanzliche „Milch“

Zubereitung:

1. Vermische zunächst alle trockenen Zutaten für den Teig in einer Schüssel.
2. Verrühre das Tahini und die „Milch“ bis sie gut vermischt sind. Schütte die Mischung in die Schüssel zu den trockenen Zutaten.
3. Verknete es zu einem Teig und forme eine Teigkugel. Gib den Teig in die Schüssel, bedecke sie mit einem feuchten Tuch und lass ihn für circa 20 Minuten im Kühlschrank ruhen. Heize in der Zwischenzeit den Ofen auf 190 °C (Ober-/Unterhitze) vor.
4. Nimm den Teig aus dem Kühlschrank und forme ihn nach Wahl. Bei einer Tarte empfehle ich den Teig zunächst ca. 15 Minuten vorzubacken und anschließend zu füllen und weiter zu backen.

Kernige Cracker

Knusprige Cracker ganz ohne Getreide. Dieses Rezept ist recht vielseitig. Du kannst verschiedene Kerne und Nüsse verwenden, es mit diversen Kräutern und Gewürzen zubereiten oder auch verschiedene Gemüsesorten verwenden.

ca. 4 Stunden | 20 Minuten | ca. 60 Minuten | Schüssel, Stabmixer, Backblech

Für 1 Blech:

- 150 g Sonnenblumenkerne oder andere Kerne/Nüsse deiner Wahl*
- 100 g Leinsamen
- 150 bis 200 ml Wasser
- 1-2 kleine Karotten
- 1 rote Paprika (oder anderes Gemüse deiner Wahl)
- 1 TL Basilikum (oder andere Kräuter wie z.B. Thymian), getrocknet
- ½ TL Salz
- ¼ TL Chili (oder nach Geschmack)

* ca. 4 bis 6 Stunden in Wasser einweichen, dann abspülen und abtropfen

Zubereitung:

1. Heize den Ofen auf 150 °C (Ober-/Unterhitze) vor. Spüle und tropfe die Sonnenblumenkerne nach dem Einweichen gut ab. Gib sie dann mit den anderen Zutaten in eine Schüssel.
2. Mixe das Ganze grob mit einem Stabmixer, bis eine leicht klumpige Teigmasse entsteht.
3. Verteile den Teig gleichmäßig auf einem mit Backpapier ausgelegten Backblech. Backe das Ganze ca. 15 Minuten.
4. Nimm das Blech heraus und drücke mit einem Messer oder Pizzaschneider die gewünschten Bruchstellen in den Teig hinein. Backe es dann weitere 30 bis 40 Minuten oder bis sie knusprig werden.
5. Zwischendurch wenden, falls nötig, und darauf achten, dass sie nicht verbrennen (das geht schneller als gedacht). Es kann sein, dass die Cracker am Rand schneller gar sind. Dabei ist es eventuell hilfreich, diese abzubrechen und den Rest weiter zu backen bis alles knusprig ist.

Süßkartoffel-Pizza

Ein knuspriger Boden, verfeinert mit einer rauchigen Paprikasoße liefert die Grundlage für dieses Rezept. Anstelle von Süßkartoffeln kannst du auch Kürbis oder Kartoffeln verwenden. Für den Belag verwende ich gern Zucchini und andere saisonale Gemüsesorten - die Variationsmöglichkeiten sind nahezu endlos.

30 Minuten | 20 Minuten | 20-30 Minuten | Schüssel, Mixer, Backblech

Ergibt 2 Pizzen (ca. 25 cm):

Für den Teig:

- 300 g Süßkartoffeln, gekocht und abgekühlt
- 80 g Reismehl
- 80 g Buchweizenmehl
- 1 EL Flohsamenschalen
- 2 Prisen Salz
- etwas Reismehl zum Bestäuben

Für die Pizzasoße:

- siehe Seite 58

Zubereitung:

1. Heize den Ofen auf 200 °C (Ober-/Unterhitze) vor. Zerstampfe die Süßkartoffeln in einer Schüssel. Gib Reis- und Buchweizenmehl, Flohsamenschalen und Salz hinzu. Vermische es gut. Lass den Teig für ca. 20 Minuten im Kühlschrank ruhen.

2. Bereite in der Zwischenzeit die Pizzasoße nach Anleitung von Seite 58 vor, indem du alle Zutaten hierfür in einem kraftvollen Mixer cremig mixt.

3. Lege das Backblech mit Backpapier aus. Teile den Teig in zwei gleich große Portionen. Gib den Teig auf das Backblech, streue großzügig Reismehl darüber und drücke ihn gleichmäßig flach in eine runde Form. Streue mehr Reismehl darüber, sollte es zu klebrig werden. Stelle sicher, dass der Teig in der Mitte recht dünn ist, lasse aber etwas mehr am Rand.

4. Schütte die Pizzasoße gleichmäßig auf den Teig. Belege dann nach Wahl. Ich liebe rote Zwiebeln und Lauch, anderes Gemüse eignet sich auch.

5. Backe die Pizza ca. 20 Minuten oder bis sie goldbraun wird.

Buchweizen-Pizzateig mit Hefe

Einfacher Pizzateig mit nur wenigen Zutaten. Hefeteig ist gar nicht so schwer. Es ist wichtig, Trockenhefe zu verwenden die noch frisch ist und dass das Wasser nicht zu kalt oder zu warm ist. Ich teste gern mit dem Finger. Fühlt es sich gerade etwas warm an, ist die Temperatur perfekt. Das Rezept für die Paprikasoße ohne Tomate findest du auf Seite 58.

30 Minuten | 60 Minuten | 15-20 Minuten | Schüssel, Backblech

Ergibt ein Blech:

Für den Teig:

- 250 ml warmes Wasser
- 1 TL Zucker
- 1½ TL Trockenhefe

- 350 g Buchweizenmehl
- 1 EL Flohsamenschalen (oder frisch gemahlener Leinsamen)
- 1 TL Salz

- 50 ml warmes Wasser (oder 1 bis 2 EL mehr falls nötig)
- etwas Mehl zum Bestäuben des Teigs

Zubereitung:

1. Rühre Zucker und Hefe in die Tasse warmes Wasser. Stelle sie beiseite bis die Mischung schaumig wird.
2. In der Zwischenzeit vermische die trockenen Zutaten für den Teig in einer Schüssel. Wenn die Hefemischung schaumig ist, schütte sie mit dem zusätzlichen warmen Wasser in die Schüssel mit dem Mehl und verrühre es mit einem Löffel.
3. Bedecke die Schüssel mit einem feuchten, sauberen Geschirrtuch und stelle sie an einen warmen, zugluftfreien Ort 30 bis 45 Minuten. Der Teig sollte etwas aufgehen.
4. Wenn der Teig etwas aufgegangen ist, heize den Ofen auf 220 °C (Ober-/Unterhitze) vor. Lege das Backblech mit Backpapier aus.
5. Bestreue den Teig großzügig mit Mehl und verteile ihn gleichmäßig auf dem Backblech. Sollte er etwas klebrig werden, streue etwas mehr Mehl darüber. Stelle das Backblech wieder an einen warmen Ort und bedecke es mit dem feuchten Geschirrtuch. Lass den Teig ca. 15 Minuten gehen.
6. Bereite in der Zwischenzeit die Cashew-Paprika-Soße (siehe Seite 58) und den Belag deiner Wahl vor.
7. Wenn der Teig aufgegangen ist, gieße die Cashew-Paprika-Soße darüber, verteile sie gleichmäßig und belege die Pizza nach Wahl. Drücke den Belag vorsichtig etwas in die Soße hinein. Backe das Ganze ca. 15 Minuten oder bis die Soße leicht anbräunt.

„Flammkuchen“

Ganz ohne Tierprodukte und voller rauchigem Geschmack. Dieser „Flammkuchen“ gehört zu meinen liebsten Rezepten. Für den Belag verwende ich gern blanchierten Spinat und rote Zwiebeln.

30 Minuten | 60 Minuten | 15-20 Minuten | Schüssel, Backblech, Mixer

Ergibt ein Blech:

Für den Teig:

- 250 ml warmes Wasser
- 1 TL Zucker
- 1½ TL Trockenhefe

- 60 ml warmes Wasser (oder 1-2 Esslöffel mehr falls nötig)

- 175 g Buchweizenmehl (alternativ Teffmehl)
- 180 g Reismehl
- 1 EL Flohsamenschalen
- 1 TL Salz
- Reismehl zum Bestäuben

Für die saure Creme:

- 100 g Cashewkerne
- 1 EL Reismehl
- ½ TL Salz
- 3 EL Apfelessig
- 20 Tropfen Flüssigrauch (alternativ 1-2 TL geräucherter Paprika)
- 1-2 Knoblauchzehen
- 190 ml Wasser
- 1 TL Basilikum, getrocknet

- Belag deiner Wahl

Zubereitung:

1. Rühre Zucker und Hefe in die Tasse warmes Wasser. Stelle sie beiseite bis die Mischung schaumig wird.
2. In der Zwischenzeit vermische die trockenen Zutaten für den Teig in einer Schüssel. Wenn die Hefemischung schaumig ist, schütte diese mit den zusätzlichen 60 ml warmen Wasser in die Schüssel mit dem Mehl und verrühre es. Der Teig sollte recht zäh sein. Falls nötig, gib weitere 1 bis 2 Esslöffel Wasser hinzu.
3. Bedecke die Schüssel mit einem feuchten, sauberen Geschirrtuch und stelle sie an einen warmen, zugluftfreien Ort ca. 45 Minuten.
4. Wenn der Teig etwas aufgegangen ist, heize den Ofen auf 220 °C (Ober-/Unterhitze) vor. Lege das Backblech mit Backpapier aus.
5. In der Zwischenzeit gib den Teig auf das Backblech. Bestreue ihn großzügig mit Reismehl und verteile ihn mit den Händen gleichmäßig auf dem Blech. Stelle das Backblech wieder an einen warmen Ort und bedecke es mit dem feuchten Geschirrtuch. Lass den Teig ca. 15 Minuten gehen.
6. Bereite nun die saure Creme vor, indem du alle Zutaten außer dem getrockneten Basilikum in einem Hochleistungsmixer cremig mixt. Bereite zusätzlich den Belag deiner Wahl vor.
7. Wenn der Teig aufgegangen ist, schütte die saure Creme darüber. Bestreue sie dann mit dem getrockneten Basilikum und verteile sie anschließend gleichmäßig.
8. Belege nach Wahl und drücke den Belag vorsichtig etwas in die Creme hinein. Backe das Ganze ca. 15 Minuten oder bis die Creme goldbraun wird.

Tomaten-Tarte

Mit dieser Tarte lassen sich Tomaten auf besonders köstliche Art und Weise genießen. Angelehnt an das klassische Rezept für französische Tomatentarte verwendet dieses Rezept Senf. Für die Füllung nehme ich die Pizza-„Käse"-Soße, welche das Ganze herrlich saftig macht.

30 Minuten | 20-30 Minuten | 40-50 Minuten | Schüssel, Mixer, 28 cm Tarteform

Für eine 28 cm Tarteform:

Für den Teig:

- 150 g Reismehl
- 70 g Mandelmehl (alternativ gemahlene Sonnenblumenkerne)
- 2 TL Flohsamenschalen, gemahlen
- ½ TL Salz
- ½ TL Backpulver

- 40 g Tahini (oder anderes Nuss-/Kernmus)
- 160 ml pflanzliche „Milch"

Für die Füllung:

- ca. 1 EL Senf
- Pizza-„Käsesoße" von Seite 156 ODER etwas veganen Reibekäse (genug, um den Boden komplett zu bedecken)
- Oregano, getrocknet

Für den Belag:

- ein paar frische Tomaten
- frische Kräuter zum Garnieren nach dem Backen

Zubereitung:

1. Vermische zunächst alle trockenen Zutaten für den Teig in einer Schüssel.
2. Verrühre das Tahini und die „Milch" bis sie gut vermischt sind. Schütte die Mischung in die Schüssel zu den trockenen Zutaten.
3. Verknete es zu einem Teig. Bedecke ihn mit einem feuchten Tuch und lass ihn ca. 20 Minuten im Kühlschrank ruhen. Heize in der Zwischenzeit den Ofen auf 190 °C (Ober/-Unterhitze) vor.
4. Nimm den Teig aus dem Kühlschrank und verteile in gleichmäßig in der Tarteform und ziehe ihn am Rand hoch. Falls er zu klebrig ist, einfach mit etwas Reismehl bestäuben.
5. Backe das Ganze zunächst ca. 15 Minuten (es sollte nur ganz leicht anbräunen). Bereite in der Zwischenzeit die Pizza-„Käsesoße" vor.
6. Nimm die Tarteform aus dem Ofen, lass es kurz etwas abkühlen. Bestreiche dann den Boden dünn mit Senf. Schütte anschließend die Käsesoße darüber und verteile sie gleichmäßig.
7. Schneide die Tomaten in Scheiben, oder falls du Kirschtomaten verwendest, in die Hälfte, und verteile sie auf der „Käsesoße". Bestreue das Ganze mit etwas getrocknetem Oregano.
8. Backe die Tomatentarte ca. 30 bis 45 Minuten oder bis der Rand leicht anbräunt.

Gefüllte Paprika

Gebackene Paprika haben einen ganz besonderen Geschmack. Die Konsistenz der hier verwendeten Füllung ist dem „Klassiker“ erstaunlich ähnlich. Großzügig mit Kräutern und Gewürzen abgeschmeckt ist es eine herzhafte Köstlichkeit perfekt für den Grill oder Backofen.

30 Minuten | 45 Minuten | Topf, Auflaufform

Ergibt 6 Portionen:

- 6 Paprika

Für die Füllung:

- 75 g Quinoa
- 75 g Hirse
- 350 ml Wasser

- 2 EL Flohsamenschalen, gemahlen
- 2 TL Basilikum, getrocknet
- 1 TL Oregano, getrocknet
- 1 Knoblauchzehe, fein gehackt
- Salz nach Geschmack

Für die Soße:

- 200 g Passata (passierte Tomaten)
- 200 ml Wasser
- ½ TL Zucker
- ¼ TL Muskat, frisch gerieben
- ¼ TL Nelken, gemahlen
- ¼ TL Zwiebelpulver
- ½ Lorbeerblatt

Zubereitung:

1. Wasche, spüle und tropfe Quinoa und Hirse ab. Gib sie in einen Topf, bedecke sie mit dem Wasser und bringe es zum Kochen. Lass es dann auf niedriger Hitze mit geschlossenem Deckel köcheln bis das Wasser aufgesogen ist.

2. Schütte die restlichen Zutaten für die Füllung in den Topf und vermische es gut.

3. Schneide die Deckel der Paprika ab und nimm die Kerne heraus. Fülle sie anschließend.

4. Heize den Ofen auf 180 °C (Ober-/Unterhitze) vor. Vermische alle Zutaten für die Soße und schütte sie in eine Auflaufform.

5. Lege die gefüllten Paprika mit hinein und backe das Ganze ca. 30 Minuten.

Kartoffel-Gratin

Dieses Kartoffelgratin ist wunderbar knusprig mit cremigem Inneren. Ich empfehle frischen Rosmarin, da dieser einen besonders intensiven Geschmack gibt.

20 Minuten | 45 bis 60 Minuten | Küchenhobel, Mixer, Auflaufform

Ergibt 4 Portionen:

- 1 kg Kartoffeln

- 70 g Cashewkerne*
- 200 ml Wasser
- 1 EL Reismehl
- 350 ml pflanzliche „Milch“
- 15 g Kichererbsenmehl (oder Lupinenmehl)
- 1¼ TL Salz (oder nach Geschmack)
- ¾ TL Zwiebelpulver
- ein paar Prisen Chili
- 10 Tropfen Flüssigrauch

- 1 EL frischer Rosmarin, fein gehackt

* alternativ zu Cashewkernen, Wasser und Reismehl verwende 250 ml pflanzliche „Sahne“

Zubereitung:

1. Heize den Ofen auf 190 °C (Ober-/Unterhitze) vor. Mixe alle Zutaten außer den Kartoffeln und dem Rosmarin in einem Mixer cremig. Rühre anschließend den fein gehackten Rosmarin hinein und stelle die Mischung beiseite.

2. Schäle die Kartoffeln und schneide sie mit einem Küchenhobel in feine Scheiben (ca. 3 mm dick).

3. Fette die Auflaufform ein und verteile ca. ein Drittel der Kartoffelscheiben darin. Schütte etwas von der zuvor gemixten Mischung darüber. Wiederhole diesen Schritt bis die Kartoffelscheiben und die Mischung aufgebraucht sind.

4. Backe das Ganze bedeckt bis die Kartoffeln weich sind (ca. 45 Minuten) und dann ohne es abzudecken bis die Kartoffeln knusprig sind (ca. 15 Minuten).

Panierter Blumenkohl

Gebackener Blumenkohl hat einen köstlichen Geschmack, dank der Röstaromen. Mit einer knusprigen Hülle versehen sind diese Happen besonders lecker. Du kannst das Rezept auch mit blanchiertem Brokkoli zubereiten.

30-45 Minuten | 20 Minuten | 30 Minuten | Mixer, Topf, Schüssel, Pfanne oder Backblech

Für einen Blumenkohl:

- 1 mitttelgroßer Blumenkohl, blanchiert
- 100 ml Wasser
- 3 EL Buchweizenmehl
- 1 EL Tahini (oder anderes Nuss-/ Kernmus)
- ½ TL Salz
- ½ TL Flohsamenschalen, gemahlen
- Semmelbrösel, glutenfrei

Zubereitung:

1. Vermische alle Zutaten außer den Semmelbröseln und dem Blumenkohl in einem tiefen Teller cremig.
2. Lass die Mischung anschließend ca. 20 Minuten aufquellen. Es sollte recht cremig werden.
3. Schneide in der Zwischenzeit den Blumenkohl in kleinere Stücke. Heize den Backofen auf 190 °C (Ober-/ Unterhitze) vor.
4. Tauche die Blumenkohlstücke eins nach dem anderen zuerst in die Marinade. Tropfe oder streiche die überschüssige Marinade gut ab. Tauche das Stück anschließend in die Semmelbrösel und lege sie auf ein Backblech.
5. Backe das Ganze ca. 20 Minuten oder bis es goldbraun ist. Je nach Backofen eventuell zwischendurch wenden.

Dieses Rezept eignet sich auch sehr gut für Kohlrabi „Schnitzel". Schäle hierzu einen Kohlrabi und schneide ihn in fingerdicke Scheiben. Koche ihn in Salzwasser bis er weich ist und lass ihn etwas abkühlen. Streiche die Scheiben dann mit der Marinade ein und paniere sie mit Semmelbröseln. Brate die „Schnitzel" entweder in der Pfanne oder backe sie im Ofen bei 190 °C (Ober-/ Unterhitze) ca. 30 Minuten (zwischendurch wenden).

Würzige Kartoffel-Spalten

Diese Kartoffelspalten sind knusprig und würzig, ganz ohne Öl. Das Rezept funktioniert auch gut mit Süßkartoffeln. Sie lassen sich im Backofen wie auch in der Heißluftfritteuse zubereiten.

20 Minuten | 40 Minuten | Topf, Schüssel, Backblech

Für 1 Blech:

- 4-5 Kartoffeln, am besten mehlig kochend
- 1 TL Zucker
- 1 TL Paprika, edelsüß
- ½ TL Reismehl
- ¼ TL Salz
- ¼ TL Chili (oder nach Geschmack)

Zubereitung:

1. Bringe einen Topf Wasser zum Kochen. In der Zwischenzeit schäle und viertel die Kartoffeln.
2. Gib die Kartoffelstücken vorsichtig in das kochende Wasser und lass sie ca. 10 bis 15 Minuten kochen. Sie sollten etwas weich aber nicht gar gekocht werden.
3. Vermische in der Zwischenzeit die übrigen Zutaten in einer kleinen Schüssel. Heize den Ofen auf 190 °C (Ober-/Unterhitze) vor.
4. Tropfe die Kartoffeln ab. Lass sie etwas abkühlen bevor du sie Stück für Stück mit der Gewürzmischung bestäubst. Das geht am besten mit einem kleinem Sieb. Achte darauf, die Kartoffel nicht zu dick mit der Gewürzmischung zu bestäuben.
5. Verteile die Kartoffelstücken auf einem Backblech. Backe sie ca. 20 Minuten oder bis sie goldbraun sind. Gegebenenfalls zwischendurch wenden.

Zucchini-Wraps

Diese Wraps sind super einfach herzustellen. Perfekt für die Sommerzeit, wenn es Zucchini in Hülle und Fülle gibt. Sie sind schön weich und lassen sich sehr gut rollen.

15 Minuten | 30 Minuten | 20 Minuten | Raspel, Schüssel, Backblech

Ergibt 1 Blech (2 große Wraps):

- 350 g Zucchini
- 100 g Kichererbsenmehl (oder anderes glutenfreies Mehl)
- 1 EL Flohsamenschalen
- ½ TL Salz (oder nach Geschmack)

Zubereitung:

1. Raspel die Zucchini mit einer recht groben Raspel. Gib sie in eine Schüssel.
2. Vermische die restlichen Zutaten mit den geraspelten Zucchini und lasse sie ca. 30 Minuten ziehen.
3. Heize in der Zwischenzeit den Ofen auf 190 °C (Ober-/Unterhitze) vor.
4. Verteile den Teig gleichmäßig auf ein mit Backpapier ausgelegtes Backblech. Er sollte recht dünn verteilt werden, ohne das Backpapier durchsehen zu können.
5. Backe das Ganze ca. 20 Minuten oder bis es leicht goldbraun wird. Lass den Wrap etwas abkühlen bevor du ihn vom Backblech nimmst.

Fladenbrot

Einfaches Fladenbrot ohne Hefe, dass sich in der Pfanne backen lässt. Ich genieße es am liebsten mit Gerichten wie das Rote Linsen Dal (Seite 174).

10 Minuten | 20 Minuten | 20 Minuten | Mini-Mixer oder Stabmixer, Schüssel, Pfanne

Ergibt 4 Stück:

- 100 g Buchweizenmehl
- 30 g Reismehl
- 25 g Kartoffelstärke
- 1 TL Flohsamenschalen
- ¼ TL Backpulver
- ¼ TL Salz

- 50 g Kürbis (oder Kartoffel, Süßkartoffel), gekocht und abgekühlt
- 80 ml Wasser
- 1 TL Tahini (oder anderes Nuss-/Kernmus)
- etwas Mehl zum Bestäuben

Zubereitung:

1. Vermische zunächst das Mehl und die restlichen trockenen Zutaten in einer kleinen Schüssel.
2. Mixe gekochten Kürbis, Tahini und Wasser cremig und schütte es in die Schüssel mit den trockenen Zutaten.
3. Verrühre alles zu einem Teig. Bedecke die Schüssel und lass den Teig ca. 20 Minuten ruhen.
4. Teile den Teig in vier Portionen auf. Bestäube ein Stück Backpapier mit Mehl und lege eine Portion darauf. Streue etwas Mehl darüber und presse den Teig flach bis er ca. 15 cm in Durchmesser ist. Zwischendurch etwas mit Mehl bestäuben, sollte er zu klebrig werden*.
5. Heize eine Pfanne auf hoher Temperatur vor und gare ein Stück für wenige Minuten von beiden Seiten. Je länger du es garst desto knuspriger wird das Fladenbrot. Am besten direkt nach der Zubereitung servieren.

* **Tipp:** Ich finde, das Fladenbrot lässt sich am leichtesten in die Pfanne legen, indem ich es mitsamt dem Stück Backpapier kopfüber in die Pfanne stürze. Nach ein paar Minuten lässt sich das Backpapier leicht entfernen und für die Zubereitung des nächsten Stücks verwenden.

Tofustäbchen

Tofu mal anders - mit knuspriger Panade und italienischen Kräutern. Dieser lässt sich auch in Würfelform zubereiten. Die Marinade kannst du auch wunderbar mit anderen Gewürzen und Kräutern verfeinern. Den Tofu am besten über Nacht in der Marinade ziehen lassen.

30 Minuten | 30 Minuten oder über Nacht | ca. 30 Minuten | Mixer, Pfanne oder Ofen

Ergibt ca. 10 Stück:

- 1 Block Tofu (300 g)*

Für die Marinade:

- 25 g Mandelmus (oder anderes Nuss-/Kernmus)
- 120 ml Wasser
- 2 TL Apfelessig
- ½ TL Flohsamenschalen
- ¾ TL Salz
- 1 TL Zucker
- 1 TL Oregano, getrocknet
- 1 TL Thymian, getrocknet
- ½ TL Paprika, edelsüß

Zum Panieren:

- Semmelbrösel, glutenfrei

Zubereitung:

1. Mixe alle Zutaten für die Marinade in einem Mixer oder mit dem Schneebesen in einer Schüssel cremig.
2. Schneide den Tofu in die gewünschte Form. Lege ihn in der Marinade ein. Wenn möglich für mehrere Stunden oder über Nacht im Kühlschrank ziehen lassen.
3. Nimm den Tofu anschließend Stück für Stück aus der Marinade und lass ihn kurz etwas abtropfen.
4. Wälze den marinierten Tofu in den Semmelbröseln bis er gleichmäßig bedeckt ist. Brate den panierten Tofu entweder in der Pfanne oder backe ihn im Ofen oder in der Heißluftfritteuse.

* Wurde der Tofu vorher gefroren und dann wieder aufgetaut, ändert sich die Textur und er nimmt mehr Marinade auf.

Schlemmer Tofu

Mariniert und mit einer fein gewürzten Knusperschicht eignet sich dieses Tofu Gericht prima als Beilage zu besonderen Anlässen. Den fertig marinierten Tofu am besten über Nacht ziehen lassen. Wurde der Tofu vorher gefroren und wieder aufgetaut, nimmt er die Marinade noch besser auf.

12 Stunden, oder über Nacht | 30 Minuten | ca. 30 Minuten | Schüssel, ofenfeste Form

Für ca. 4 Portionen:

- 1 Block Tofu

Für die Marinade:

- 1 EL Sojasoße (oder Kokos-Aminos)
- 1 EL Wasser
- 1 TL Apfelessig
- 1 TL Reissirup (oder anderes flüssiges Süßungsmittel)
- 1 TL frischer Rosmarin, fein gehackt
- ½ TL Koriander, gemahlen
- ¼ TL Chili
- ¼ TL Salz

Für die Knusperschicht:

- 1 EL Sojasoße (oder Kokos-Aminos)
- 2 EL Wasser
- 1 TL Apfelessig
- 1 TL Tahini (oder anderes Nuss-/Kernmus)
- ¼ TL Salz
- ¼ TL Zwiebelpulver
- 70 g Semmelbrösel, glutenfrei

Zubereitung:

1. Drücke das überschüssige Wasser aus dem Tofu heraus und lass ihn etwas abtropfen.
2. Schneide ihn nun auf einer Seite im Zick Zack Muster ca. 1 cm tief ein. Dies hilft, die Marinade besser einziehen zu lassen.
3. Vermische anschließend alle Zutaten für die Marinade in einer kleinen Schüssel. Verteile die Marinade gleichmäßig auf dem Tofu und versuche sie auch in die Schnitte hinein tröpfeln zu lassen.
4. Den marinierten Tofu nun bis zu 12 Stunden im Kühlschrank ziehen lassen.
5. Heize den Ofen auf 180 °C (Ober-/Unterhitze) vor. Vermische zunächst alle Zutaten für die Knusperschicht (außer den Semmelbröseln). Rühre anschließend die Semmelbrösel unter und vermische kurz und zügig.
6. Verteile die Knusperschicht gleichmäßig auf dem marinierten Tofu. Backe den Tofu nun ca. 20 Minuten oder bis die Knusperschicht fester und goldbraun wird.

Gemüse-Lasagne

Diese Lasagne ist gefüllt mit einer extra großen Portion Gemüse und ist voller Geschmack, dank der italienischen Kräuter und der cremigen „Käsesoße". Die Füllung lässt sich mit verschiedensten Gemüsesorten zubereiten. Und auch die Linsen können durch Bohnen oder Tofukrümel ausgetauscht werden.

30-45 Minuten 60 Minuten Pfanne, Mixer, Lasagneform

Ergibt 4-6 Portionen:

- etwas Öl oder Wasser
- 1 kleine Zwiebel, fein gehackt
- 200 g Möhren, in Scheibchen
- 250 g gekeimte oder gekochte Linsen
- ca. 100 ml Wasser
- 200 g Zucchini, in Scheibchen
- ½ Paprika, fein gewürfelt
- 1½ TL Basilikum, getrocknet
- 1 TL Thymian, getrocknet
- ½ TL Salz
- ½ TL Zucker
- ¼ TL Chili
- 1 Knoblauchzehe, gepresst
- 500 ml Passata (passierte Tomaten)
- „Käsesoße" nach dem Rezept von Seite 156
- Lasagneblätter, glutenfrei

Zubereitung:

1. Erhitze etwas Öl oder Wasser in einer Pfanne und glasiere die Zwiebeln darin. Gib die Linsen und die geschnittenen Möhren mit dem Wasser in den Topf und lass es für ca. zehn Minuten mit geschlossenem Deckel köcheln.
2. Gib die restlichen Zutaten hinzu und lass es nochmals fünf bis zehn Minuten köcheln.
3. Heize in der Zwischenzeit den Ofen auf 190 °C (Ober-/Unterhitze) vor. Bereite die „Käsesoße" nach Rezept auf Seite 156 zu.
4. Arrangiere nun die Lasagne, indem du zunächst eine Portion der Gemüsesoße in die Lasagneform gibst. Tröpfle dann etwas „Käsesoße" darüber und lege anschließend Lasagneblätter darauf. Wiederhole diesen Schritt bis die Form fast gefüllt ist. Die letzte Schicht ist Gemüsesoße und eine großzügige Portionen „Käsesoße".
5. Backe die Lasagne 30 bis 45 Minuten. Falls sie zu schnell anbräunt, backe sie abgedeckt.

Linsen & Kürbiskern-Braten

Dieser pflanzliche Braten ist perfekt für Feiertage, an denen ein besonders herzhaftes Essen gewünscht ist. Dank der Linsen und Kürbiskerne ist der Braten sehr füllend. Ein Braten reicht für vier Portionen. Der abgekühlte Braten lässt sich auch gut in Scheiben schneiden und als Brotbelag genießen.

12 Stunden | 30-45 Minuten | 45 Minuten | Schüssel, Stabmixer, ofenfeste Form

Für ca. 4 Personen:

- 70 g Kürbiskerne*
- 130 g Linsen**
- 2 EL Flohsamenschalen, gemahlen
- 1 EL Paprika, edelsüß
- 1 EL Sojasoße (oder Kokos-Aminos)
- 1 TL Majoran, getrocknet
- ½ TL Salz
- ¼ TL Piment, gemahlen
- ¼ TL Kreuzkümmel, gemahlen
- 10 Tropfen Flüssigrauch
- 1 Knoblauchzehe, gepresst
- 2 Blatt rundes Reispapier

Für die Glasur:

- 1 EL Sojasoße (oder Kokos-Aminos)
- 2 TL Miso Paste
- 2 TL Reissirup (oder anderes flüssiges Süßungsmittel)
- 2 TL Wasser
- ½ TL Chili-Soße
- ½ TL Öl (optional)

* 12 Stunden in Wasser einweichen, abspülen und abtropfen

** 12 Stunden einweichen und eventuell etwas ankeimen (siehe Seite 8), oder bereits vorgegart

Zubereitung:

1. Sind die Linsen noch nicht gekocht, gare sie zunächst in einem kleinen Topf mit etwas Wasser, bis dieses größtenteils verbraucht ist.

2. Gib die eingeweichten Kürbiskerne hinzu und mixe das Ganze mit einem Stabmixer zu einer krümeligen Masse.

3. Rühre anschließend die verbliebenen Zutaten (außer dem Reispapier) unter. Es sollte ein knetbarer Teig entstehen.

4. Heize den Ofen auf 180 °C (Ober-/Unterhitze) vor. Forme mit nassen Händen den Braten.

5. Weiche zunächst ein Blatt Reispapier in einer Schüssel mit kaltem Wasser für ca. 30 Sekunden ein. Wickel nun ein Ende des Bratens mit dem eingeweichten Reispapier ein.

6. Weiche das zweite Blatt Reispapier für ca. 30 Sekunden in Wasser ein und umwickle damit das andere Ende des Bratens. Falls gewünscht, schnüre ihn vorsichtig mit etwas Baumwollstrick ein.

7. Lege den Braten in eine ofenfeste Form und bestreiche ihn mit ca. einem Drittel der Glasur. Backe das Ganze auf mittlerer Schiene ca. 15 Minuten. Nimm den Braten heraus und streiche ein weiteres Drittel der Glasur darüber und backe ihn weiter. Wiederhole dies ein weiteres Mal nach 15 Minuten und backe nochmals, bis der Braten anbräunt.

Herzhafter Pie

Herzhafte Pies sind der Klassiker in Großbritannien und auch hier in Neuseeland, wo ich lebe. Bei der Füllung sind der Fantasie keine Grenzen gesetzt. Wichtig ist, dass die Füllung nicht zu wässrig ist. Anstelle des Kartoffelhäubchens kannst du den Pie auch mit einer Teigdecke versehen, welche ein paar mal mit einem Messer eingeschnitten wird, damit die heiße Luft entweichen kann.

60 Minuten | 30-45 Minuten | Schüssel, Pfanne, Topf, Große Muffin-Form oder Pie-Förmchen, Kartoffelstampfer, Spritzbeutel mit großer Tülle

Ergibt 4 Pies:

- eine Portion Mürbeteig (siehe Seite 98)
- Füllung je nach Wunsch - ich verwende die Gemüse-Linsen-Füllung der Lasagne (Seite 126) und dicke sie etwas an (siehe Schritt 3)

Für die Kartoffel-Häubchen:

- 500 g Kartoffeln, geschält und gewürfelt
- 125 ml pflanzliche „Milch“
- ein paar Prisen Salz
- etwas Muskat, frisch gerieben
- etwas frische Petersilie, fein gehackt

Zubereitung:

1. Bereite zunächst den Teig nach Anleitung von Seite 98 vor und lass ihn bedeckt im Kühlschrank etwas ruhen (ca. 30 Minuten). Heize den Ofen auf 190 °C (Ober-/Unterhitze) vor.
2. Gib die Kartoffeln für die Häubchen in einen Topf, bedecke sie mit Wasser und bringe sie zum Kochen. Wenn sie weich sind, schütte das Wasser ab und gib die pflanzliche „Milch“ hinzu. Stampfe alles zu einem relativ festen Kartoffelbrei und schmecke ihn mit Salz, Muskat und Petersilie ab.
3. Bereite in der Zwischenzeit die Füllung vor. Ich verwende die Gemüse- und Linsensoße von Seite 126. Hierbei ist es wichtig etwas weniger Wasser zu verwenden. Das Ziel ist es, eine recht dickflüssige Füllung zu kochen, die eine nahezu breiige Konsistenz hat. Hierzu rühre ich gern zusätzlich einen Esslöffel Reismehl unter, um es anzudicken.
4. Nachdem der Teig geruht hat, verteile ihn gleichmäßig in den Backformen und ziehe ihn am Rand hoch. Backe das Ganze ca. 10 bis 15 Minuten oder bis der Teig ganz leicht anbräunt.
5. Nimm die fertigen Pie-Schälchen aus der Form und lass sie etwas abkühlen. Lass den Ofen an.
6. Verteile anschließend die Füllung in den Schälchen. Gib die gestampften Kartoffeln in den Spritzbeutel und verteile sie auf den Pies. Backe das Ganze nochmals ca. 15 Minuten oder bis die Kartoffelhäubchen leicht anbräunen.

Kartoffel-Blumenkohl-Auflauf

Wärmender Auflauf mit Blumenkohl und Kartoffeln in einer herrlich cremigen Soße gebacken. Das Rezept eignet sich auch sehr gut als Resteverwertung von verschiedenem Gemüse. Anstelle von Kartoffeln kannst du auch gekochte Pasta verwenden.

4 Stunden | 40 Minuten | 60 Minuten | Topf, Mixer, Auflaufform

Ergibt 4 Portionen:

- 400 g Kartoffeln (ca. 4 mittelgroße)
- 1 kleiner Blumenkohl, blanchiert
- 100 g Cashewkerne*
- 300 ml Wasser
- 3 EL (gehäuft) Hefeflocken
- 1 EL (gehäuft) Reismehl
- ¾ TL Salz (oder nach Geschmack)
- ½ TL Muskat, frisch gerieben
- ½ TL frisch gemahlener schwarzer Pfeffer
- 1 Bund frischer Schnittlauch

* 4 Stunden in Wasser einweichen, abspülen & abtropfen

Zubereitung:

1. Koche zunächst die Kartoffeln mit Schale bis sie weich sind (ca. 30 bis 45 Minuten).
2. Schütte das Kochwasser ab und lass sie etwas abkühlen bevor du sie schälst. Schneide sie dann in kleinere Stücke. Heize den Ofen auf 190 °C (Ober-/Unterhitze) vor.
3. Gib die verbliebenen Zutaten (außer dem Schnittlauch und dem Blumenkohl) in einen Mixer und mixe es cremig.
4. Schneide den Schnittlauch und vermische ihn mit der gemixten Soße.
5. Schneide den Blumenkohl in kleinere Stücke und verteile ihn mit den Kartoffeln in der Auflaufform. Schütte die Soße darüber.
6. Backe das Ganze ca. 30 Minuten oder bis es goldbraun ist.

Soßen & Gekochtes

Vielseitige Gemüse-Soße

Diese Gemüsesoße ist der absolute Klassiker in unserem Haus. Sie lässt sich je nach Jahreszeit mit einer Vielzahl von Gemüse zubereiten. Du kannst sie mit verschiedensten Kräutern und Gewürzen verfeinern. Sie passt sehr gut zu Pasta sowie Salzkartoffeln.

10 Minuten | 10 Minuten | Topf, Hochleistungsmixer

Ergibt 2 Portionen:

- 80 g Cashewkerne (oder Sonnenblumenkerne – diese aber für mind. 6 in Wasser Stunden einweichen, abspülen und abtropfen)*
- 150 ml Wasser
- 150 g Zucchini
- 100 g Möhren
- 20 g Sellerie (oder mehr wenn du magst)
- 1 Knoblauchzehe
- 3 EL Hefeflocken
- 2-3 EL Paprika, edelsüß
- 1 TL Zucker
- 1 TL Basilikum, getrocknet
- 1-2 Prisen Chili
- Salz nach Geschmack
- zusätzlich etwas Wasser falls nötig

* anstelle von Cashewkernen und Wasser kannst du auch pflanzliche „Sahne“ verwenden

Zubereitung:

1. Alle Zutaten in einem kräftigen Mixer cremig mixen.
2. Die Sauce kann entweder direkt mit frisch gekochten, heißen Nudeln vermischt werden, oder separat in einem kleinen Topf aufgewärmt werden.
3. Schmeckt auch sehr gut mit Ofengemüse oder als Dip.

Sonnenblumenkern-Volognese

Herzhaft und lecker, ganz ohne Soja! Sonnenblumenkerne stehen dem Klassiker Tofu in nichts nach. Vereint mit Tomatensoße, feinen Kräutern und Gewürzen ergeben sie eine geschmackvolle, füllende Volognese.

4 Stunden | 30 Minuten | 30-45 Minuten | Pfanne, Mixer

Für 4 Portionen:

- 150 g Sonnenblumenkerne*,
- 10 sonnengetrocknete Tomaten (ohne Öl)**
- etwas Öl oder Wasser
- 1 Zwiebel, fein gehackt
- 1-2 Karotten, fein gehackt
- 2 TL Oregano, getrocknet (und/oder getrockneter Basilikum, Thymian)
- 1-2 Koblauchzehen, gepresst
- 2-3 TL Paprika, edelsüß
- ca. 700 ml Passata (passierte Tomaten)

* 4 bis 6 Stunden in Wasser einweichen, dann abspülen und abtropfen

** 1 bis 2 Stunden in Wasser einweichen, dann abspülen und abtropfen

Zubereitung:

1. Gare die gehackten Zwiebeln in etwas Öl oder Wasser bis sie glasig sind. Gib dann die gehackten Karotten hinzu und brate es weitere 5 Minuten.

2. Mixe die Sonnenblumenkerne mit Hilfe eines Mixers zu kleineren Krümeln. Gib sie anschließend in die Pfanne.

3. Schneide die getrockneten Tomaten in kleinere Stückchen und gib sie mit in die Pfanne. Streue getrockneten Oregano hinein und rühre es gut durch.

4. Nachdem es ein paar Minuten gekocht hat, gib den gepressten Knoblauch und das Paprikapulver hinzu und rühre es unter. Schütte die Passata hinzu. Spüle die Flasche mit etwas Wasser und gib dieses mit in die Pfanne. Koche es noch einmal kurz auf.

Dieses Rezept funktioniert auch wunderbar mit Tofu anstelle der Sonnenblumenkerne. Drücke zunächst überschüssiges Wasser aus dem Tofu heraus und zerkrümel ihn anschließend. Gib die Tofukrümel zusammen mit den Karotten in Schritt 1 in die Pfanne und folge den weiteren Schritten wie gehabt.

Zwiebel-Bratensoße

Dieses Rezept ist sehr einfach und schnell zubereitet. Die Soße eignet sich perfekt für eine Vielzahl von herzhaften Gerichten, wie dem Linsen & Kürbiskern-Braten (Seite 128) oder den Kartoffelspalten (Seite 116).

10 Minuten | 10-15 Minuten | Topf, Stabmixer

Ergibt ca. 300 ml:

- 1 große Zwiebel
- etwas Öl oder Wasser
- ½ TL Piment, gemahlen
- 1 TL Zucker
- 2 EL Reismehl
- 1 EL Sojasoße (oder Kokos-Aminos)
- 2 gehäufte EL Paprika, edelsüß
- 1 TL geräuchertes Paprikapulver
- 1 Lorbeerblatt
- Salz & Pfeffer nach Geschmack

- 300 ml Wasser (nach Belieben auch etwas mehr)

Zubereitung:

1. Erhitze Öl oder Wasser in einem kleinen Topf. Schneide die Zwiebel fein und glasiere sie darin.
2. Gib nun alle weiteren Zutaten außer dem Wasser hinzu und verrühre es.
3. Schütte das Wasser hinzu, vermische alles und bring es zum Kochen. Lass es ca. 10 Minuten köcheln.
4. Nimm das Lorbeerblatt heraus und püriere das Ganze mit einem Stabmixer bis es cremig ist. Gib etwas mehr Wasser hinzu, sollte es zu dickflüssig sein.

Cremige Mangold & Pilz-Soße

Grünes Blattgemüse und Pilze sind die Stars in dieser Soße, welche sehr gut zu Pasta oder gekochten Kartoffeln passt. Anstelle von Mangold kannst du auch Grünkohl oder Spinat verwenden.

10 Minuten | 10-15 Minuten | Topf, Mixer

Für 4 Portionen:

- etwas Öl oder Wasser
- 1 Zwiebel, fein gehackt
- 300 g Champignons, in Scheiben oder Viertel geschnitten
- 1-2 Knoblauchzehen, fein gehackt

- 70 g Cashewkerne (oder blanchierte Mandeln)*
- 1 gehäufter EL Reismehl
- 250 ml Wasser

- 1 TL Salz (oder nach Geschmack)
- ¼ TL Pfeffer schwarz, frisch gemahlen
- ½ TL Muskat, frisch gerieben
- 1 bis 2 Prisen Chili

- ca. 250 g Mangold (oder mehr), Stiele entfernt und blanchiert
- 250 ml Wasser

* alternativ zu Cashewkernen, Wasser und Reismehl verwende 250 ml pflanzliche „Sahne"

Zubereitung:

1. Heize einen Topf oder eine Pfanne mit etwas Öl oder Wasser vor. Dünste die Zwiebeln an und gib dann die geschnittenen Pilze hinzu. Koche es auf mittlerer Hitze bis die Pilze weich sind und im eigenen Saft schmoren.

2. Rühre den gehackten Knoblauch darunter und dünste es weitere zwei Minuten unter ständigem Rühren.

3. Mixe die Cashews mit dem Wasser und Reismehl cremig*. Schütte sie zu den Pilzen, bringe das Ganze vorsichtig zum Kochen und lass es für ein paar Minuten auf niedriger Temperatur köcheln.

4. In der Zwischenzeit gib den frisch blanchierten Mangold mit 250 ml Wasser in den Mixer und mixe es kurz.

5. Rühre den gemixten Mangold unter die Cashewcreme, erwärme es nochmal kurz und schmecke mit Salz und Gewürzen ab.

„Rahm"-Pilz-Soße

Diese Soße gehört in meiner Küche zu den Klassikern wenn es mal schnell gehen soll. Ob auf Toast, mit Pasta oder Sonntagsklößen, sie lässt sich wunderbar mit einer Vielzahl von Gerichten kombinieren.

10 Minuten | 30-45 Minuten | Pfanne, Mini-Mixer oder Hochleistungsmixer

Ergibt ca. 2 große Portionen:

- etwas Öl oder Wasser
- ½ Zwiebel, fein gehackt
- 200 g Pilze, in Scheiben geschnitten
- 30 g Cashewkerne (oder blanchierte Mandeln)*
- 300 ml Wasser*
- 1 EL Mehl, glutenfrei
- 1 EL Paprika, edelsüß
- 1 TL Thymian, getrocknet
- ½ TL Muskat, frisch gerieben
- Prise Chili
- Salz nach Geschmack
- 1-2 TL Apfelessig oder Zitronensaft
- 1 Lorbeerblatt

* anstelle von Cashews, Wasser und Mehl kannst du auch 250 ml pflanzliche „Sahne" verwenden

Zubereitung:

1. Erhitze das Öl oder Wasser in einer Pfanne oder mittelgroßem Topf. Glasiere die Zwiebel darin.

2. Gib die in Scheiben geschnittenen Pilze hinzu und verrühre es. Lass es bei geringer Hitze köcheln bis die Pilze stark geschrumpft sind.

3. Mixe in der Zwischenzeit die Cashews, das Wasser und das glutenfreie Mehl in einem Mixer cremig*. Lösche die Zwiebeln und Pilze damit ab.

4. Rühre die verbliebenen Zutaten darunter und lass es für ein paar Minuten köcheln bis es andickt. Gib gegebenenfalls etwas Wasser hinzu falls gewünscht.

Einfache „Sauce Hollandaise“

Super schnell und einfach! Dies ist meine liebste Version für „Sauce Hollandaise“. Sie passt hervorragend zu Spargel sowie auch zu Blumenkohl und Brokkoli.

10 Minuten 20-30 Minuten Topf, Mixer, Stabmixer

Für ca. 300 ml:

- 35 g Cashewkerne
- 300 ml Kochwasser vom Gemüse (oder normales Wasser)*
- 1 EL Reismehl, gehäuft
- 1 TL Senf
- ½ TL Salz (oder nach Geschmack)
- ¼ TL Muskat, frisch gerieben
- 1 bis 2 EL Zitronensaft

Zubereitung:

1. Gib alle Zutaten außer dem Muskat in einen kraftvollen Mixer und mixe es cremig.

2. Schütte die Mischung in einen kleinen Topf und bringe sie vorsichtig zum Kochen, rühre regelmäßig um.

3. Lass die Sauce für ein paar Minuten auf niedriger Hitze köcheln bis sie gut andickt. Falls gewünscht, verdünne sie etwas mit Wasser und schmecke sie mit Muskat ab.

* Diese Sauce schmeckt klasse wenn du das Kochwasser von dem Spargel oder anderem Gemüse verwendest. Es ist wichtig, den gekochten Spargel warm zu halten. Alternativ kannst du auch ganz normales Wasser verwenden.

Jackfruit-„Gulasch“

Jackfruit ist eine sehr vielseitig einsetzbare Frucht, oder besser gesagt Fruchtfleisch. In Aussehen und Konsistenz ähnelt es dem Fleisch, die Nährwerte entsprechen etwa denen der Kartoffel. Der Geschmack wird wie bei anderen neutral schmeckenden Gemüsesorten durch die Gewürze und Zutaten erreicht. Dieses „Gulasch“ schmeckt auch ohne die Paprika gut, hat dann aber nicht ganz den typischen Geschmack.

20 Minuten | 30 Minuten | Topf

Für 2 große Portionen:

- etwas Öl oder Wasser
- 1 Dose Jackfruit
- 1 Zwiebel, fein gewürfelt
- 2 Möhren, in Scheiben geschnitten
- 400 bis 500 ml Wasser
- 1 rote Paprika, gewürfelt
- 1 grüne Paprika, gewürfelt
- 2 EL Paprika, edelsüß
- 1 EL Paprika, geräuchert
- 1 EL Mehl, glutenfrei
- 1 TL Zucker
- ½ TL Salz (oder nach Geschmack)
- ½ TL Piment, gemahlen
- 1 Prise Chili (oder nach Geschmack)
- 1 Lorbeerblatt
- 1-2 Knoblauchzehen, fein gehackt

Zubereitung:

1. Schmore die Zwiebel mit etwas Öl oder Wasser in einem Topf an. Gib dann die Möhren und das Wasser hinzu und lass es mit geschlossenem Deckel ca. 10 bis 15 Minuten köcheln.

2. Tropfe die Jackfruit gut ab und drücke sie etwas aus, bevor du sie in kleinere Stücke zupfst.

3. Gib die Jackfruitstückchen mit den übrigen Zutaten (außer dem Knoblauch) mit in den Topf. Verrühre es gut und lass es weitere 10 Minuten köcheln.

4. Gib zum Schluss den Knoblauch hinzu und lass es nochmals kurz aufkochen.

Anmerkung: Das „Gulasch“ schmeckt am besten wenn du es über Nacht abkühlen und ziehen lässt. So entfaltet sich der Geschmack besser.

Volognese Soße ohne Tomate

Diese Soße ist ohne Tomate und kommt auch ohne die typischen Fleischalternativen aus. Dabei ist sie dennoch voller Geschmack dank der zahlreichen Kräuter und Gewürze. Es lassen sich auch weitere Gemüsesorten darin verwenden, zum Beispiel Karotten und Zucchini.

20 Minuten | 30 Minuten | Pfanne/Topf

Für 2 große Portionen:

- etwas Öl oder Wasser
- ½ Zwiebel, fein gehackt
- 250 g Champignons, in kleine Viertel geschnitten
- 2 rote Paprika, gewürfelt
- 1-2 Knoblauchzehen, gepresst
- 1-2 EL Paprika, edelsüß
- 1 EL Reismehl
- 1 TL Oregano, getrocknet
- 1 TL Basilikum, getrocknet
- Salz & Pfeffer nach Geschmack

- ca. 375 ml Wasser

Zubereitung:

1. Erhitze einen Esslöffel Öl oder Wasser in einer hochwertigen Non-Stick Bratpfanne und glasiere die Zwiebeln darin.
2. Gib dann die Pilze hinzu und schmore das Ganze unter nahezu ständigem Rühren bis diese geschrumpft und saftig sind (ca. 15 Minuten).
3. Gib die Paprika hinzu und lasse es für weitere 10 Minuten schmoren, oder bis diese etwas weich sind.
4. Streue das Paprikapulver und Reismehl darüber und rühre es kurz durch. Gib anschließend das Wasser hinzu und vermische es. Bringe das Ganze zum Kochen.
5. Gib Knoblauch, Oregano und Basilikum dazu und schmecke mit Salz & Pfeffer ab. Mixe alles mit Hilfe eines Stabmixers ganz kurz durch, so dass es noch etwas stückig ist. Serviere die Soße mit Pasta oder einer Beilage deiner Wahl.

Kürbis-Mac & „Cheese“

Kürbis eignet sich hervorragend für cremige Pastasoße für Mac & „Cheese“. Du kannst auch anderes Gemüse in die Soße hinein mixen, zum Beispiel gekochten Blumenkohl, Karotten oder Kartoffeln.

15 Minuten | 30 Minuten | Topf, Hochleistungsmixer, Mini-Mixer

Ergibt ca. 4 Portionen:

- 200 g Kürbis (Butternut eignet sich am besten), geschält und grob gewürfelt
- 100-150 ml pflanzliche „Milch“, ungesüßt
- 70 g Cashewkerne
- 1 EL Reismehl
- 200 ml Wasser
- 2 EL Hefeflocken
- ½ TL Paprika, geräuchert
- ½ TL Salz (oder nach Geschmack)
- 1 Prise Chili
- etwas Muskat, frisch gerieben

* Cashews, Reismehl und Wasser können mit 200 ml pflanzlichem „Sahne“ Ersatz ersetzt werden

Zubereitung:

1. Bringe den geschälten und grob gewürfelten Kürbis mit Wasser bedeckt in einem Topf zum Kochen. Lass ihn auf niedriger Temperatur köcheln bis er weich ist (ca. 20 Minuten).

2. Mixe anschließend den gekochten Kürbis mit den verbliebenen Zutaten in einem kraftvollen Mixer cremig.

3. Gib die gemixte Mischung in den Topf und erhitze sie nochmal kurz. Vermische die Soße mit gekochten Makkaroni.

Einfache Tomatensoße

Schnell, unkompliziert und voller Geschmack - diese Tomatensoße ein Dauerbrenner in meiner Küche. Ich habe sie über viele Jahre schon unzählige Male zubereitet. Mit einer großzügigen Portion von Kräutern und Gewürzen verfeinert eignet sie sich sehr gut für eine Vielzahl von Pastagerichten.

20 Minuten | 20 Minuten | Pfanne oder Topf

Ergibt ca. 4 Portionen:

- etwas Öl oder Wasser
- 1 kleine Zwiebel, fein gehackt
- 1-2 EL Paprika, edelsüß
- 1 EL Reismehl
- 500 ml Passata (passierte Tomaten)

- 1 TL Oregano, getrocknet
- 1 TL Basilikum, getrocknet
- 1 TL Thymian, getrocknet
- 1 TL Zucker
- 1-2 Knoblauchzehen, gepresst
- Salz & Pfeffer nach Geschmack
- etwas Wasser

Optionen: zusätzlich Gemüse wie fein gehackte Karotten, Sellerie, Paprika, Zucchini etc. in der Soße weich kochen

Zubereitung:

1. Glasiere die gehackten Zwiebeln in etwas Öl oder Wasser.
2. Streue Paprika und Mehl über die Zwiebeln und vermische es. Lass es kurz braten bevor du es mit der Passata ablöschst. Achte darauf, dass der Paprika nicht anbrennt, sonst schmeckt es bitter.
3. Rühre nun Kräuter und Zucker darunter und lass es ca. 10 Minuten köcheln.
4. Gib zuletzt den gepressten Knoblauch hinzu und schmecke mit Salz und Pfeffer ab. Falls es zu dickflüssig ist, verdünne es mit etwas Wasser.

Ein Teil der Zutaten eignet sich auch sehr gut für Pizzasoße, wobei du sie nicht vorher kochen musst. Vermische die Passata mit den Kräutern, Zucker, Knoblauch und schmecke mit Salz und Pfeffer ab. Bei Bedarf etwas mit Wasser verdünnen.

Pizza-„Käse“-Soße

Dieses Rezept ist ein wahrer Klassiker bei uns im Haus. Über die Jahre habe ich weiter daran gefeilt und probiert. Kombiniert mit einer guten Tomatensoße (ganz wichtig meiner Meinung nach: Kräuter und Knoblauch) ist sie ein wahres Geschmackserlebnis. Perfekt auch für überbackenen Toast.

10 Minuten   Hochleistungsmixer

Ergibt ca. 250 ml:

- 70 g Cashewkerne
- 200 ml Wasser
- 3 EL Hefeflocken
- 1 EL Reismehl
- 1 EL Apfelessig
- ½ TL Salz
- 5-10 Tropfen Flüssigrauch
- 1-2 Prisen Chili

Zubereitung:

1. Mixe alle Zutaten in einem kraftvollen Mixer oder Hochleistunsgmixer cremig.
2. Die Soße ist relativ flüssig, dickt beim Backen jedoch merklich an.
3. Tipp für das Belegen der Pizza: einen Teil der Käsesoße über die Tomatensoße tröpfeln bevor sie belegt wird. Danach die restliche Soße auf dem Belag verteilen.

Du Kannst diese Soße auch für Mac & „Cheese“ verwenden. Hierzu einfach alle Zutaten cremig mixen und dann in einem Topf erhitzen. Gib zusätzlich ca. 200 ml Wasser hinzu und lass es etwas köcheln bis es andickt.

Rauchig Scharfe Grill-Soße

Ob beim Grillen oder zum Verfeinern von Pizza, Auflauf und Gemüsepfanne - diese Grillsoße bringt herzhaften Geschmack! Du kannst sie auch mit etwas pflanzlichem Joghurt oder Sahne vermischen und als Dip verwenden, sie ist eine wahre geschmackliche Bereicherung.

15 Minuten | 30 Minuten | Topf, Stabmixer

Ergibt ca. 300 ml:

- etwas Öl oder Wasser
- ½ Zwiebel, fein gehackt
- ½ TL Kreuzkümmel, gemahlen
- ½ TL Koriander, gemahlen
- ¼ TL Chili (oder nach Geschmack)
- 2 Prisen Muskat, frisch gerieben
- 1 Prise Nelken, gemahlen

- 250 g Passata (passierte Tomaten)
- 50 g Datteln, entsteint und gehackt
- 50 ml Apfelessig
- 2 EL Sojasoße (oder Kokos-Aminos)
- 10 Tropfen Flüssigrauch

Zubereitung:

1. Schmore die Zwiebel mit etwas Öl oder Wasser in einem kleinen Topf an.
2. Wenn die Zwiebeln glasig sind gib die Gewürze hinzu und schmore das Ganze für ca. eine Minute.
3. Gib nun die übrigen Zutaten hinzu und lass die Mischung für ein paar Minuten köcheln.
4. Wenn die Datteln weich sind, mixe alles mit einem Stabmixer cremig. Sollte die Soße zu flüssig sein, lass sie weiter köcheln bis sie etwas andickt.

Mit etwas pflanzlichem Joghurt oder „Sahne“ vermischt, eignet sich diese Grillsoße auch sehr gut als Dip.

Aubergine wie Sahne-Hering

Dieses Rezept eignet sich als herzhafte Beilage zu Salzkartoffeln oder auch als Brotaufstrich. Für letzteres wird die Aubergine einfach in kleine Würfel geschnitten. Geschmacklich erinnert es an den klassischen Sahnehering, nur ganz ohne Fisch.

20-30 Minuten | 30 Minuten | 12 Stunden | Topf, Schüssel

Ergibt ca. 4 Portionen:

- eine kleine Aubergine
- 2 Lorbeerblätter
- 1 TL Seetangpulver, oder ein Blatt Nori, klein geschnitten
- ½ TL Salz
- Wasser

- 200 ml pflanzliche Sahne (oder 70 g Cashewkerne und 200 ml Wasser cremig gemixt)
- 300 g pflanzlicher Joghurt
- 100 ml pflanzliche „Milch"
- 3 saure Gurken, in Scheibchen geschnitten
- ½ kleiner Apfel, fein gewürfelt
- ¼ rote Zwiebel, sehr fein gewürfelt
- 1 EL Apfelessig
- ½ TL Senfkörner
- ½ TL Salz (oder nach Geschmack)
- etwas frischer Dill, fein gehackt

Zubereitung:

1. Entferne den Strunk der Aubergine und schneide sie in ca. 1,5 cm dicke Scheiben und halbiere diese. Oder würfel sie, falls es ein Brotbelag werden soll.

2. Gib die geschnittene Aubergine mit den Lorbeerblättern und dem Seetangpulver in einen Topf und bedecke sie großzügig mit Wasser.

3. Bringe das Ganze zum Kochen und lass es gerade lange genug kochen bis die Aubergine weich, aber noch bissfest ist (ca. 20 Minuten). Tropfe die gekochte Aubergine anschließend gut ab.

4. Bereite in der Zwischenzeit die Marinade/Soße vor, indem du alle Zutaten in einer Schüssel gut vermischst. Schmecke ab und gib gegebenenfalls etwas mehr Apfelessig oder Salz hinzu.

5. Hebe die gekochte Aubergine vorsichtig unter wenn sie noch warm ist. Lass es etwas abkühlen und anschließend bedeckt im Kühlschrank ziehen (am besten über Nacht).

Lupinen-„Omelette“

Perfekt zum Verarbeiten von Resten - diese Lupinen „Omelette“ lassen sich mit allen möglichen Zutaten füllen. Meine absolute Lieblingsfüllung sind gebratene Zwiebeln, Pilze und Paprika.

20 Minuten | 15 Minuten | Pfanne mit Deckel, Schüssel

Für 1 große Portion:

- 60 g Lupinenmehl (oder Kichererbsenmehl)
- 2 EL Tapiokastärke (oder Speisestärke)
- 1 EL Flohsamenschalen, gemahlen
- ½ TL Salz
- ½ TL Backpulver
- 150 - 200 ml Wasser
- Füllung deiner Wahl (z.B. gebratene Pilze, Paprika, geschnittene Frühlingszwiebeln)
- etwas Schwefelsalz oder schwarzes Himalaya Salz für den „Ei-Geschmack“ falls gewünscht

Zubereitung:

1. Vermische zunächst alle trockenen Zutaten in einer kleinen Schüssel. Heize eine Pfanne vor (eine gute Non-Stick Pfanne benötigt kein Öl).
2. Schütte das Wasser in die Schüssel mit den trockenen Zutaten und verrühre es zu einem cremigen Teig. Falls nötig, gib etwas mehr Wasser hinzu.
3. Gib den Teig in die Pfanne und verteile ihn etwas, indem du die Pfanne leicht angewinkelt hältst und etwas rotierst.
4. Verteile nun die Füllung auf dem Teig und lass das Ganze auf mittel-niedriger Temperatur mit Deckel ca. 10 bis 15 Minuten garen.
5. Wenn kleine Bläschen im Teig auftauchen und die Oberfläche trocken aussieht ist es Zeit, das Schwefelsalz darüber zu streuen, falls gewünscht. Falte dann eine Hälfte des „Omelettes“ darüber und serviere es.

Du kannst dieses Rezept auch als herzhafte Muffins backen. Für 6 Stück verdoppele die Menge und heize den Ofen auf 190 °C (Ober-/Unterhitze) vor. Folge den ersten beiden Schritten und gib die fertige Mischung in eine 6er Muffinform (6 cm Durchmesser) und backe das Ganze ca. 20 Minuten oder bis ein hinein gestochenes Stäbchen sauber heraus kommt.

Kartoffel & Blumenkohl-Suppe

Kartoffeln und Blumenkohl passen wunderbar zusammen. Und vor allem in der kälteren Jahreszeit sind sie die perfekte Zutat für diese wärmende Suppe. Du kannst sie auch mit Brokkoli zubereiten. Dieser benötigt eine kürzere Kochzeit.

20 Minuten | 30-45 Minuten | Topf, Kartoffelstampfer, Mini-Mixer

Ergibt 4 Portionen:

- etwas Öl oder Wasser
- 1 kleine Zwiebel, fein gehackt
- 750 ml Wasser
- 700 g Kartoffeln, geschält und gewürfelt
- 1 EL gekörnte Gemüsebrühe
- Salz & Pfeffer nach Geschmack
- ½ TL Muskat, frisch gerieben
- 1 Blumenkohl, in Röschen zerteilt

- 60 g Cashewkerne*
- 120 ml Wasser

- Saft einer halben kleinen Zitrone
- 1 EL Apfelessig
- etwas gehackte Petersilie

* alternativ zu Cashews und 120 ml Wasser kannst du 150 ml pflanzliche „Sahne“ verwenden

Zubereitung:

1. Erhitze das Öl oder Wasser in einem großen Topf und dünste die Zwiebeln darin, bis sie glasig sind. Gib das Wasser, Salz und die Kartoffeln hinzu. Bringe es zum Kochen und lass es ca. 10-15 Minuten auf kleiner Flamme köcheln.

2. In der Zwischenzeit kannst du die Cashews mit dem Wasser zu einer feinen Creme mixen und beiseite stellen*.

3. Nachdem die Kartoffeln ca. 10-15 Minuten gekocht haben, zerstampfe sie grob mit einem Kartoffelstampfer. Gib dann den Blumenkohl hinzu, bringe es zum Kochen. Lass es ca. 5 Minuten köcheln oder bis Kartoffeln und Blumenkohl weich sind.

4. Zum Schluss noch die Cashew-Creme, den Zitronensaft, Essig und Muskat hinzugeben. Die Petersilie kurz vor dem Servieren darüber streuen.

Cremige Brokkoli-Suppe mit Kürbis

Diese Suppe lässt sich recht schnell und einfach zubereiten. Der geröstete Kürbis bereichert das Gericht farblich und geschmacklich. Anstelle von Brokkoli kannst du auch Blumenkohl verwenden.

20 Minuten | 30-45 Minuten | Backblech, Topf, Stabmixer

Ergibt 4 Portionen:

- 400 g Kürbis
- etwas Öl oder Wasser
- 1 kleine Zwiebel, fein gehackt
- 1 bis 2 Knoblauchzehen, fein gehackt
- 1½ EL Reismehl
- 400 ml Kokosmilch
- 125 ml Wasser
- 300 g Brokkoli (oder mehr falls du magst)
- ½ TL Muskat, frisch gerieben
- ¼ TL Chili (oder mehr falls du magst)
- Salz nach Geschmack

Zubereitung:

1. Heize den Ofen auf 190 °C (Ober-/Unterhitze) vor. Schneide den Kürbis in kleine Würfel.
2. Verteile die Kürbis-Würfel auf einem Backblech. Streue ein paar Prisen Salz darüber. Backe das Ganze bis er weich und leicht goldbraun ist (ca. 30 Minuten).
3. In der Zwischenzeit schwitze die Zwiebeln in einem mittelgroßen Topf in etwas Öl oder Wasser an.
4. Wenn die Zwiebeln glasig sind, gib den gehackten Knoblauch hinzu und lass es für eine weitere Minute kochen.
5. Streue nun das Reismehl darüber und rühre es zügig unter. Lösche das Ganze mit der Kokosmilch und 125 ml Wasser ab und bringe es zum Kochen.
6. Wenn es köchelt, gib den Brokkoli hinzu und lass es eine Weile auf mittlerer Hitze köcheln bis er weich wird. Püriere die Suppe mit dem Stabmixer (ich nehme vor dem Pürieren ein paar Röschen zur Seite und gebe sie dann in die cremige Suppe).
7. Schmecke die Suppe mit Muskat, Salz und Chili ab. Serviere sie mit dem gerösteten Kürbis.

Rote-Bete-Suppe

Mit dieser Suppe bringst du so richtig Farbe auf den Tisch. Kombiniert mit etwas pflanzlicher „Sahne“ und knusprigen Kichererbsen ist sie ein Fest für die Sinne. Dieses Rezept funktioniert auch sehr gut mit Karotten oder Kürbis. Die Knusper-Kichererbsen eignen sich auch hervorragend als Snack.

20 Minuten | 30-45 Minuten | Topf, Stabmixer

Ergibt 4 Portionen:

- etwas Öl oder Wasser
- 1 kleine Zwiebel, fein gehackt
- ½ TL Kreuzkümmel, gemahlen
- ½ TL Koriander, gemahlen

- 750 ml Wasser
- 700 g Kartoffeln, geschält und gewürfelt
- 400 g Rote Bete, geschält und gewürfelt
- 1 EL gekörnte Gemüsebrühe
- Salz & Pfeffer nach Geschmack

Für die Knusper-Kichererbsen:

- 2 handvoll Kichererbsen, gekocht
- 1 TL Currypulver
- 1-2 Prisen Salz
- ein paar Spritzer Öl (optional)

Zubereitung:

1. Erhitze zunächst das Öl oder Wasser in einem mittelgroßen Topf und brate die Zwiebeln darin bis sie glasig sind.
2. Rühre nun Kreuzkümmel und Koriander darunter und schmore es eine weitere Minute.
3. Lösche mit Wasser ab und gib die verbliebenen Zutaten hinzu. Koche das Ganze bis die Kartoffeln und Rote Bete weich sind.
4. Bereite in der Zwischenzeit die Knusper-Kichererbsen zu. Vermische zunächst alle Zutaten in einer kleinen Schüssel. Breite sie dann auf einem Backblech aus und backe sie ca. 30 Minuten bei 180 °C oder bis sie knusprig sind. Zwischendurch wenden (Achtung, sie verbrennen schnell).
5. Wenn die Kartoffeln und Rote Bete weich sind, püriere sie mit dem Stabmixer. Serviere mit etwas pflanzlicher „Sahne“ und den Knusper-Kichererbsen.

Cremige Paprika-Suppe

Paprika ist der Star in diesem Rezept! Kombiniert mit Kartoffeln und grünen Erbsen ist sie wärmend und angenehm sättigend. Du kannst sie nach Geschmack mild oder scharf würzen.

20 Minuten | 30-45 Minuten | Topf, Mixer

Ergibt 4 Portionen:

- etwas Öl oder Wasser
- 1 rote Paprika, gewürfelt
- 1 kleine Zwiebel, fein gehackt
- 1 TL Koriander, gemahlen
- 1 EL Paprika, edelsüß
- 1½ EL Reismehl
- ¼ TL Chili (oder mehr falls du magst)
- Salz nach Geschmack
- 500 bis 750 ml Wasser
- 500 g Kartoffeln, geschält und gewürfelt
- 200 ml pflanzliche „Sahne“
- 1-2 handvoll grüne Erbsen

Zubereitung:

1. Brate die gewürfelte Paprika mit etwas Öl oder Wasser in einem mittelgroßen Topf scharf an. Nimm sie dann aus dem Topf und gib sie in den Mixer.

2. Brate nun die Zwiebeln in dem Topf an. Wenn sie glasig sind streue den gemahlenen Koriander, Paprika und Reismehl darüber und vermische es. Schmore das Ganze für eine weitere Minute.

3. Lösche mit dem Wasser ab und gib die gewürfelten Kartoffeln hinzu. Lass es mit geschlossenem Deckel auf niedriger Hitze köcheln bis die Kartoffeln weich sind (ca. 20 Minuten).

4. Mixe in der Zwischenzeit die gebratene Paprika mit der pflanzlichen Sahne cremig und gib sie mit in den Topf. Rühre die grünen Erbsen darunter und lass das Ganze noch einmal kurz aufkochen.

Pflanzliche „Soljanka“

Soljanka gehört zu meinen liebsten Suppen. Inspiriert von dem klassischen Rezept ist diese Version komplett pflanzlich. Sie schmeckt am besten wenn sie einen Tag im voraus zubereitet wird, so dass der Geschmack sich entfalten kann.

20 Minuten | 30-45 Minuten | 12 Stunden | Topf

Ergibt 4 Portionen:

- etwas Öl oder Wasser
- 1 große Zwiebel, fein gehackt
- 150 g Räuchertofu, gewürfelt
- 150 g pflanzliche Wurst, gewürfelt*
- 1 rote Paprika, geschnitten
- 1 grüne Paprika, geschnitten
- 1 EL Paprika, edelsüß
- 100 g Tomatenmark
- ca. 5 saure Gurken, geschnitten

- 750 ml Wasser
- 100 ml Gurkenwasser
- 10 Tropfen Flüssigrauch
- 1 Lorbeerblatt
- Salz nach Geschmack

- etwas pflanzliche saure „Sahne“

* Du kannst auch den Aufschnitt von Seite 22 und 24 verwenden. Diesen aber erst beim Servieren in die Teller geben, da er nicht kochfest ist.

Zubereitung:

1. Erhitze zunächst das Öl oder Wasser in einem mittelgroßen Topf und brate die Zwiebeln darin bis sie glasig sind.
2. Gib nun die restlichen Zutaten hinzu, verrühre es gut und bringe das Ganze zum Kochen. Lass es anschließend ca. 15 Minuten köcheln, oder bis die Paprika weich ist.
3. Serviere mit einer Portion saure „Sahne“ und etwas Brot.

Rote Linsen Dal

Dal ist ein Gericht aus der indischen und pakistanischen Küche. Rote Linsen eigen sich sehr gut dafür. Sie müssen nicht eingeweicht werden, was dieses Rezept besonders schnell und einfach macht. Du kannst eine Vielzahl von verschiedenem Gemüse hinzufügen und es nach Belieben mild oder scharf mit Chili würzen.

15 Minuten | 30 Minuten | Topf

Ergibt 4 Portionen:

- 1 TL Kreuzkümmel, ganz
- 1 TL Koriander, gemahlen

- etwas Öl oder Wasser
- 1 kleine Zwiebel, fein gehackt
- 2 kleine Karotten, klein geschnitten
- 2 EL Tomatenmark
- 400 ml Kokosmilch (aus der Dose)
- 250 ml Wasser (oder nach Wunsch)

- 200 g rote Linsen
- Chili nach Geschmack
- Salz nach Geschmack
- 1-2 Knoblauchzehen, gepresst

Zubereitung:

1. Röste zunächst den Kreuzkümmel und Koriander ein paar Minuten trocken in einem mittelgroßen Topf.
2. Gib nun etwas Öl oder Wasser hinzu und glasiere die Zwiebeln darin.
3. Wenn die Zwiebeln glasig sind, gib Karotten, Tomatenmark, Kokosmilch und Wasser hinzu und bringe es zum Kochen.
4. Lass das Ganze köcheln bis die Karotten weicher sind (ca. 10 Minuten). Gib dann die restlichen Zutaten hinzu, schmecke mit Chili und Salz ab.
5. Das Dal ist fertig wenn die Linsen weich sind (ca. 10 Minuten). Serviere das Dal mit Reis und/oder Fladenbrot (Seite 120).

Spätzle

Diese Spätzle lassen sich wunderbar einfach zubereiten. Ich liebe sie besonders mit einer cremigen „Käsesoße“ oder „Rahm“-Pilz-Soße (Siehe Rezepte Seite 156 und 144). Diese Version funktioniert auch ohne Nudelpresse und ergibt dadurch etwas rustikalere Spätzle.

30 Minuten | 15 Minuten | Schüssel, Topf

Ergibt 4 Portionen:

- 150 g Reismehl
- 50 g Tapiokastärke (oder Speisestärke)
- 80 g feine Polenta (oder Reisgries)
- ½ TL Salz
- 2 EL Flohsamenschalen, gemahlen
- 300 ml Wasser

Zubereitung:

1. Erhitze einen Topf mit Wasser. Vermische nun alle trockenen Zutaten in einer Schüssel.
2. Rühre anschließend zügig die 300 ml Wasser darunter so dass ein knetbarer Teig entsteht.
3. Wenn das Wasser kocht, gib den Teig durch eine Nudelpresse direkt in den Topf.
4. Statt der Nudelpresse kannst du auch die Brettchen-Methode anwenden: Hierzu gibst du zunächst eine Portion des Teiges auf ein Brettchen und drückst sie ca. 5 mm flach. Nimm nun ein langes Messer, schneide eine sehr dünne Portion (maximal 5 mm dick) ab und rolle sie mit der Klinge über den Rand des Brettchens in den Topf mit dem kochenden Wasser.
5. Gib die Spätzle portionsweise in den Topf, achte darauf dass sie nur „ziehen“ und nicht kochen. Schöpfe zwischendurch die fertigen Spätzle, welche an der Oberfläche schwimmen, heraus.

Gnocchi

Herrlich weiche Gnocchi ganz ohne Ei und Gluten. Mehligkochende Kartoffeln sind wichtig, am besten am Tag zuvor gekocht. Die Gnocchi schmecken köstlich mit klassischer Tomatensoße (Seite 154). Der Teig eignet sich auch sehr gut für Schupfnudeln.

30 Minuten | 30 Minuten | 30-45 Minuten | Pfanne, Mixer

Für 2 Portionen:

- 500 g Kartoffeln (ca. 5 mittelgroße)
- 100 g Reismehl
- 50 g Kartoffelstärke
- 1 EL Flohsamenschalen, gemahlen
- ½ TL Salz
- etwas Wasser falls nötig

- etwas Mehl zum Bestäuben der Arbeitsfläche, ich bevorzuge Reismehl

Zubereitung:

1. Koche die Kartoffeln mit Schale in einem Topf mit Wasser bis sie weich sind. Gieße das Wasser ab und lass die Kartoffeln abkühlen. Schäle sie anschließend und zerstampfe sie so fein wie möglich.

2. Gib die restlichen Zutaten hinzu und verrühre alles zu einem Teig. Ist er zu trocken und krümelig, gib löffelweise Wasser hinzu bis er sich leicht kneten lässt. Rolle etwas von dem Teig fingerdick aus. Schneide dann ca. 2 cm lange Stücke.

3. Nimm ein Stück und runde die Ecken etwas ab und rolle den Rücken einer Gabel darüber. Die Rillen verhelfen der Soße zu besserer Haftung. Lege das fertig geformte Gnocchi auf eine leicht bemehlte Fläche und wiederhole den Schritt bis der Teig aufgebraucht ist.

4. Bringe in der Zwischenzeit einen Topf Wasser zum Kochen und bereite die Soße vor.

5. Wenn das Wasser kocht gib die Gnocchi hinein. Reduziere die Temperatur und achte darauf, dass das Wasser nicht kocht, die Gnocchi sollen nur im heißen Wasser ziehen. Sie schwimmen an der Oberfläche, wenn sie gar sind. Das benötigt nur wenige Minuten. Gib die fertigen Gnocchi direkt in die Soße.

Notizen